POESIA COMPLETA

Copyright © 2015 por The Estate of Maya Angelou
Todos os direitos reservados.
Publicado nos Estados Unidos da América por Random House,
um selo e divisão da Penguin Random House LLC, Nova York.
Random House e a casa colophon são marcas registradas
da Penguin Random House LLC.
Todos os poemas nesta coleção, com exceção dos títulos listados abaixo,
são de propriedade de ©Maya Angelou e são reimpressos com permissão
de Random House, Inc.

Agradecimentos à Hirt Music, Inc., e Gerard W. Purcell Associates, Ltd. pela
permissão em reimprimir os seguintes poemas: "Eles voltavam para suas casas",
"A gama", "Para um homem", "Nem perdedora, nem chorona", "Quando você vem
até mim", "Recordando", "Numa época", "Lágrimas", "Desprendidos", "Para um
marido", "Acidente", "Lesa-Majestade" ou "Sobre desvios diversos", "Graça do
luto", "Sons como pérolas", "Quando penso sobre mim mesma", "Carta para um
aspirante a viciado", "Senhorita Scarlett, Senhor Rhett e outros santos dos últi-
mos dias", "Rostos" "Para uma lutadora da liberdade", "Tumulto: anos 60", "Ode
negra", "Não não não não", "Minha culpa", "Chamada", "Sobre o proletariado
progressista branco", "Desfile de moda antigo", "Os treze anos (para os negros)",
"Os treze anos (para os brancos)" e "Amarelinha do Harlem".

Copyright © 1969 por Hirt Music, Inc. Reimpressão com permissão de Hirt
Music, Inc. e Gerard W. Purcell Associates, Ltd.
964 Second Avenue, New York, N.Y. 10022

Esta tradução foi publicada em acordo com a Random House, uma divisão da
Penguin Random House LLC.

Fotografia de Maya Angelou © por Jill Krementz;
todos os direitos reservados.
Tradução para Língua Portuguesa © 2020, Lubi Prates
Pintura da capa Maya Angelou © 2020, Rogério Pinto

MAYA ANGELOU

POESIA COMPLETA

TRADUÇÃO:
LUBI PRATES

Este livro
é dedicado ao grande
amor da minha vida

Sumário

**Apenas me dê um copo de água
gelada antes que eu morraaa • 17**

—

**Parte um: Onde o amor é
o grito da angústia • 21**

Eles voltavam para suas casas	23
A gama	24
Um Zorro	25
Para um homem	26
Fins de outubro	27
Nem perdedora, nem chorona	28
Quando você vem até mim	29
Recordando	30
Numa época	31
Lágrimas	32
Desprendidos	33
Para um marido	34
Acidente	35

Lesa-Majestade	36
Depois	37
Escuridão materna	38
Sobre desvios diversos	39
Graça do luto	40
Como eu posso mentir para você	41
Sons como pérolas	42

Parte dois: Um pouco antes
que o mundo acabe • 43

Quando penso sobre mim mesma	45
Num dia claro, semana que vem	46
Carta para um aspirante a viciado	47
Senhorita Scarlett, Senhor Rhett e outros santos dos últimos dias	48
Composição do engraxate da Times Square	50
Rostos	52
Para um lutador da liberdade	53
Tumulto: anos 60	54
Nós vimos além da nossa aparência	56
Ode negra	57
Não não não não	58
Minha culpa	61
Chamada	62
Sobre o proletariado progressista branco	63
Desfile de moda antigo	64
Os treze anos (para os negros)	65
Os treze anos (para os brancos)	66
Amarelinha do Harlem	67

Oh, reze para que minhas asas me caiam bem • 69

—

Parte um • 73

Pegar e dar o fora	75
Um brinde à recomposição	77
Chegando aos quarenta	79
Telefone	80

Parte dois • 81

Matando o tempo	83
Agora há muito tempo	84
Dia cinza	85
Pobre garota	86
Venha. E seja meu amor	87
Sentidos da insegurança	88
Sozinha	89
Comunicação I	91
Comunicação II	92
Questionamento	93
Uma ideia	94

Parte três • 95

Pedido	97
África	98
Estados Unidos da América	99
Para nós, que ousamos não ousar	100

Senhor, no meu coração	101
Pose astuta	103

Parte quatro • 105

O casal	107
O traficante	108
Chicken-Licken	110

Parte cinco • 111

Quase me lembro	113
Prisioneiro	115
Eu, mulher	117
John J.	118
Arkanásia sudeste	119
Canção para meus velhos	120
Criança morta nos velhos mares	122
Tire um tempo	124
Elegia	126
Reversos	127
Papo de garotinha	128
Este dia de inverno	129

E ainda assim eu me levanto • 131

—

Parte um: Me toque, vida, mas não suavemente • 135

Um tipo de amor, dizem	137
Amante do interior	138
Recordação	139
Onde pertencemos, um dueto	140
Mulher fenomenal	142
Homens	144
Recusa	146
Só por um tempo	147

Parte dois: Viajando • 149

Dança do macaco viciado	151
A lição	152
Pródiga Califórnia	153
Meu Arkansas	155
Da periferia ao centro	156
Damas do centro de caridade	158
O dinheiro da assistência social da mamãe	160
A cantora não cantará	161
Willie	162
Bater na criança já era ruim o suficiente	164
Trabalho de mulher	165
Mais uma rodada	167
O viajante	169
Família	170
Memória	172

Parte três: E ainda assim
eu me levanto • 173

Ainda assim eu me levanto	175

É tão ruim assim?	177
A vida não me assusta	179
Bump d'bump	181
Sobre envelhecer	182
Retrospectiva	183
Assim como Jó	184
Indicativo de chamada: Sra. V. B.	186
Obrigada, Senhor	187

Shaker, por que você não canta? • 191

—

Despertando em Nova York	197
Uma boa mulher se sentindo mal	198
O restaurante de comida saudável	199
Canção para Geórgia	200
Tempo que não se mede	202
Diálogos em verso para papai	203
Recuperação	205
Criação impecável	206
Pássaro engaiolado	207
Avec Merci, Mãe	209
Chegada	210
Uma jornada atormentada	211
Fome	213
Anúncio contemporâneo	214
Prelúdio para uma despedida	215
Coreografia marcial	216
Para um pretendente	217
Insone	218

Glória do fim de semana	219
A mentira	221
Presciência	222
Assuntos familiares	223
Mudanças	225
Breve inocência	226
A última decisão	227
Caravana de escravos	228
Shaker, por que você não canta?	229
Minha vida virou tristeza	230

Eu não serei levada • 233

—

Canção do trabalhador	237
Humanidade	238
Intolerante	240
Os velhos riem	241
É amor	242
Perdoe	243
Insignificâncias	244
Carta de amor	245
Igualdade	246
Coleridge Jackson	248
Por que eles estão felizes?	250
De filho para mãe	251
Conhecido por Eva e eu	252
Estes Estados ainda não Unidos	253
Meu trabalho e eu	254
Mudando	255

Nascida assim	256
Na televisão	257
Nada de mais	258
Glória caída	259
Londres	260
Salvador	261
Muitos e mais	262
Casa nova	263
Nossas avós	264
Pastor, não me envie	268
Lutar era natural	270
Perda do amor	271
Sete mulheres abençoadas com a segurança	272
No meu Missouri	274
Eles perguntaram por quê?	276
Quando as grandes árvores caem	277

No ritmo da manhã • 281

—

Celebrações • 289

—

**Uma verdade corajosa
e surpreendente • 291**

—

Continue	294
Filhos e filhas	298

Uma mulher negra falando a
homens negros 301

Paz incrível • 304

—

Mãe • 307

—

Dentro e fora do tempo 310
Bar Mitzvah do Ben Lear 313
Vigília 315
Oração 317

A maravilha se anuncia • 319

—

Seu dia acabou • 325

—

**Apenas me dê
um copo de
água gelada
antes que
eu morraaa**

Para Amber Sam
e
Para um Zorro

PARTE UM

Onde o amor
é o grito da angústia

Eles voltavam para suas casas

Eles voltavam para suas casas e contavam às suas esposas,
   que nunca antes em suas vidas
   haviam conhecido uma garota como eu,
Mas... Eles voltavam para suas casas.

Eles elogiavam a limpeza da minha casa,
   eu não dizia nenhuma palavra que não fosse a certa
   e mantinha meu ar de mistério,
Mas... Eles voltavam para suas casas.

As bocas de todos os homens me enalteciam,
   eles gostavam do meu sorriso, da minha sagacidade, dos
meus quadris,
   passavam uma noite, ou duas ou três.
Mas...

A gama

Suave, dia, seja suave como um veludo,
Meu amor verdadeiro se aproxima,
Resplandeça, sol empoeirado,
Endireite suas carruagens douradas.

Suave, vento, seja suave como a seda,
Meu amor verdadeiro está falando.
Prendam, pássaros, suas gargantas prateadas,
É a voz dourada dele que busco.

Venha, morte, às pressas, venha,
Meu lençol negro, venha tecendo,
Quieto, coração, quieto como a morte,
Meu amor verdadeiro está indo embora.

Um Zorro

Aqui
no quarto íntimo
em cortinas de seda roxa
reflete uma luz sutil
como suas mãos
antes de fazermos amor

Aqui
sob lentes encobertas
eu capturo uma
imagem clitoriana
da sua estada costumeira
longa e demorada
como as madrugadas de inverno

Aqui
esse espelho sem manchas
me prende sem vontade
no passado
quando eu era o amor
e você, com botas e coragem
e tremendo por mim.

Para um homem

Meu homem é
Âmbar Preto Dourado
Mutável.
Lábios quentes de Brandy Fine
Uma luz solar cuidadosa sobre o tapete estampado
Tossindo risadas, movidas numa espiral de tabaco francês
Voltas graciosas sobre pernas felpudas
Discreto?
Olho de gato.
Ele é do sul. Suculento e macio como feijões brancos
E eu disse "Macio"?
É a própria maciez
Um grande gato que espreita atrás do arbusto
E eu mencionei "Âmbar"?
O fogo não aquecido consumindo a si mesmo.
De novo. E de novo. Cada vez mais um vazio de nunca.
Meu homem é um Âmbar
Mudando
Sempre em si mesmo
Novo. Agora, Novo.
Ainda assim ele.
Ainda assim.

Fins de outubro

Cuidadosamente
as folhas de outono
soltam o som
baixíssimo de pequenas mortes
e os céus saciados
de pores do sol corados
de amanheceres rosados
se agitam incessantemente em
cinzas de teia de aranha e tornam-se
pretos
para conforto.

Apenas os amantes
veem a queda
o último sinal do fim
um gesto áspero de alerta
para aqueles que não ficarão alarmados
porque começamos a parar
simplesmente
para começar
de novo.

Nem perdedora, nem chorona

"Eu odeio perder qualquer coisa",
   então ela abaixou a cabeça,
"mesmo um centavo, me faz querer morrer.
Não consigo explicar. Não tenho mais nada a dizer.
Exceto que eu odeio perder qualquer coisa.

"Uma vez, perdi uma boneca e chorei durante uma semana.
Ela abria os olhos e fazia tudo, menos falar.
Acho que ela foi roubada por algum ladrão de bonecas à espreita.
Juro, eu odeio perder qualquer coisa.

"Uma vez, um relógio meu se levantou e vazou.
Ele tinha todos os doze números e para cada hora do dia.
Eu nunca vou esquecer e tudo o que posso dizer
É que eu realmente odeio perder qualquer coisa.

"Então, se eu me senti assim por um relógio e uma boneca,
O que você acha que eu sinto pelo meu amor?
Eu não estou ameaçando você, senhora, mas ele é a alegria das
minhas noites.
E o que eu estou dizendo é que eu realmente odeio perder
qualquer coisa."

Quando você vem até mim

Quando você vem até mim, sem que eu peça,
Me guiando
Para quartos velhos,
Onde as lembranças enganam.

Me oferecendo, como a uma criança, um sótão,
Encontros de poucos dias,
Ninharia de beijos roubados,
Tranqueiras de amores passageiros,
Baús de palavras secretas,

EU CHORO.

Recordando

Suaves fantasmas cinzentos rastejam pelos meus braços
para examinar os meus olhos,
enquanto eu aqui dentro recuso suas ameaças
e respondo com mentiras.

Lembranças grudentas encenam
um ritual sobre meus lábios,
eu descanso em impassível desesperança
e elas deixam minha alma em pedaços.

Numa época

Numa época de namoro escondido
O hoje prepara a ruína o amanhã
A mão esquerda não sabe o que a direita faz
Meu coração se rasga em dois.

Numa época de suspiros furtivos
Chegadas alegres e despedidas tristes
Meias verdades e mentiras inteiras
Um trovão ecoa na minha cabeça.

Numa época em que os reinos vêm até nós
A alegria é breve como brincadeira de verão
A felicidade concluiu sua corrida
Então, a dor se aproxima para o saque.

Lágrimas

Lágrimas
Cacos de cristal
Trapos viscosos
de uma alma desgastada.

Queixas
Cantos profundos do cisne
Triste adeus
de um sonho moribundo.

Desprendidos

Nós morremos,
Dando ao Barba Azul[1] as boas-vindas para os nossos armários
escuros,
Para os estranguladores, os nossos pescoços,
Estranguladores que não se importam e
não querem saber que
A MORTE É INTERNA.

Nós rezamos,
Saboreando cada mordida doce na mentira,
Nos arrastando diante de deuses alienígenas,
Deuses que não sabem e
não querem saber que
O INFERNO É INTERNO.

Nós amamos,
Esfregando nossa nudez com mãos enluvadas,
Invertendo nossas bocas em beijos de língua,
Beijos que não tocam e
não se importam em tocar se
O AMOR É INTERNO.

---

[1] N.T.: Barba Azul é o personagem principal de um conto francês, em que o homem mata suas esposas e tranca os corpos em um quarto. O conto, publicado em 1697 por Charles Perrault, traz como título o nome do personagem, La Barbe-Bleue.

Para um marido

Às vezes, sua voz é um punho
 Apertado na sua garganta
Golpeando incessantemente os fantasmas
 No quarto,
Sua mão é um barco
 talhado
Que desce o Nilo
 Para apontar a tumba do Faraó.

Para mim, você é a África
 No seu amanhecer mais brilhante.
O verde do Congo e
 O tom salobro do cobre,
Um continente para construir
 Com a força do Negro.
Eu me sento em casa e vejo isso tudo
 Através de você.

Acidente

Esta noite
    quando você espalhou sua paleta
mágica,
    eu escapei.
Sentada a distância,
    eu te vi sombrio e despenteado.
Sua vulgaridade
    não vivida,
suas exigências
    desnecessárias.

Esta noite
    enquanto você espalhava seu pó cerebral
de arco-íris,
    eu não tinha olhos para ver.
Enxergando tudo
vi as cores desaparecerem
e mudarem.
    O sangue vermelho embotado
pelas tintas,
e a verdade
nua em Preto e Branco.

Lesa-Majestade

Eu me sento num trono acima dos tempos
em que Reis são raros e
Consortes
se esgueiram na sedução das copeiras.

Muito alegremente aceno uma coroa de luz
(montada no trono real) que cega
os plebeus ajoelhados, de dedos cruzados.

Os anos vão descansar ao meu lado
na cama de rainha.
E juntos esperaremos
a poeira dos anos endurecer minhas pálpebras novamente.

E quando o beijo que desperta é dado,
por que sempre tem que ser uma fada, e
por que somente um Príncipe?

Depois

Nenhum som cai
do céu que geme
Nenhuma carranca enruga
o lago noturno
    As estrelas lançam
    Um brilho de pedra
    Enquanto os pássaros voam.

O mercado olha de lado
suas prateleiras vazias
As ruas descobrem os seios
para carros escassos
    Esta cama boceja
    sob o peso
    das nossas ausências.

Escuridão materna

Ela veio para casa correndo
  de volta à escuridão materna
  imersa na escuridão sufocante
lágrimas brancas pendem das planícies douradas do seu rosto
   Ela veio para casa correndo

Ela veio rastejando
  aqui, para os braços negros à espera
  agora, para um coração quente à espera
uma geada de sonhos estranhos congela seu rosto retinto
   Ela veio rastejando

Ela chegou em casa sem culpa
  negra como a filha de Agar
  elevada como a filha de Sabá
as ameaças do vento do norte morrem no seu rosto seco
   Ela chegou em casa sem culpa

Sobre desvios diversos

Quando o amor é uma cortina cintilante
Diante de uma porta ao acaso
Que leva para um mundo duvidoso
Onde se baila uma dança macabra
De ossos que chacoalham silenciosamente
De olhos cegos que rolam
De grossos lábios contraídos, renegado
Milhares de sinais pulverizados,
Onde o contato é pelo sentir
E a vida, uma prostituta cansada
    Eu seria levada, sem gentileza
    Para beira-mar,
    Onde o amor é o grito da angústia
    E nenhuma cortina esconde a porta.

Graça do luto

Se hoje eu seguir a morte,
descendo seus desertos sem trilhas,
e salgar minha língua com lágrimas endurecidas
pelo fim do meu precioso tempo
que corre
precipitado
apressado
naquela caverna prometida,
Você
faria
a
graça de
ficar de luto por
mim?

Como eu posso mentir para você

agora enlace minha voz
com ilusões
de leveza
force dentro de
meus olhos de espelho
o frio disfarce
de tristes e sábias
decisões.

Sons como pérolas

Sons
   Como pérolas
Rolam da sua língua
   Para alegria dos meus ouvidos negros ansiosos.

Dúvida e medo,
   Essas coisas sem jeito,
Com vergonha
   Desaparecem.

PARTE DOIS

**Um pouco antes
que o mundo acabe**

Quando penso sobre mim mesma

Quando penso sobre mim mesma,
Gargalho até quase morrer,
Minha vida tem sido uma grande piada,
Uma dança que anda,
Uma canção que fala,
Gargalho tanto que quase perco o ar,
Quando penso sobre mim mesma.

Sessenta anos no mundo dessa gente,
A criança para quem trabalho me chama de garota,
Eu respondo "Sim, senhora" por causa do emprego.
Muito orgulhosa para me curvar,
Muito pobre para me quebrar,
Gargalho até meu estômago doer,
Quando penso sobre mim mesma.

Meus pais podem me fazer cair na gargalhada,
Rir tanto até quase morrer,
As histórias que eles contam soam como mentiras,
Eles cultivam a fruta,
Mas só comem a casca,
Gargalho até começar a chorar,
Quando penso sobre meus pais.

Num dia claro, semana que vem

Num dia claro, semana que vem
Antes que a bomba exploda
Antes que o mundo acabe
    Antes que eu morra

Todas as minhas lágrimas serão pó
Pó preto como cinzas
Sagrada como a barriga de Buda
    Preto e quente e seco

Então a misericórdia cairá
Cairá sobre pequenos deuses
Cairá sobre crianças
    Cairá dos céus

Carta para um aspirante a viciado

Deixa eu te dar a letra sobre as ruas,
Jim,
Não tá acontecendo nada.
Talvez alguns amanhãs se transformem em fumaça,
evangelizadores esfarrapados contando piadas
para velhas empregadas sozinhas, sem filhos.

Nada tá acontecendo,
Não tá rolando nada, Jim.
Um bando de gatinhos montados
naquele cavalo branco frio,
com um macaco cinza velho nas costas que, é claro,
faz truques de rodeio.

Não tá pegando nada, cara.
Não tá pegando nada.
Um cafetão exausto, com um penteado alisado da era espacial,
enrolando um idiota no truco
ou no pôquer ou
me tragam ele vivo ou morto.

As ruas?
Suba as ruas, cara, como se montasse
o traseiro de um leão.
E aí tá tudo bem.
É um bugaloo e um shing-a-ling[2],
Sonhos africanos num sapateado e numa oração.
Isso é a rua, cara,
Nada está acontecendo.

---

[2] N.E.: Ritmos de dança.

Senhorita Scarlett, Senhor Rhett
e outros santos dos últimos dias

Noviças cantam a Ave-Maria
Diante dos postos de chicoteamento,
Fazendo o sinal da cruz sobre os seios e
vestes manchadas de lágrimas
na escuridão que cede.

Trazidos à vida pelo sacrifício humano
(Calvário em blackface[3])
Padres reluzem em pura brancura no
baixo-relevo do santuário de uma plantação.

(Cante)
Você se foi, mas não foi esquecida.
Salve, Scarlett. Requiescat in pace[4].

Criadores de Deus esfregam os pincéis
em sangue
para pintar afrescos no seu
túmulo coberto.

(Cante)
Hosana, Rei Kotton.

Sombrias uniões de infiéis
criam estigmas no peito
de suas crentes leais.

(Cante a oração da Mãe-nossa)
Pequena Eva santificada.
Pastores fazem novena com os

---

[3] N.T.: Blackface: refere-se à prática de atores se colorirem de preto para representar personagens negros.
[4] N.T.: Em português, "Descanse em paz".

ossos queimados de quatro
crianças
muito pequenas
muito negras
muito novinhas

(Entoe D I X I E)

E guarde as relíquias
da sua virgindade intacta
diariamente levando à morte,
à eternidade,
O varão, sua semente,
Sua semente
Sua semente.

(Cante)
Aleluia, pura Scarlett,
Abençoado Rhett, o Mártir.

Composição do engraxate da Times Square

Eu sou o melhor de todos nisso
(pow pow)
    Esse é meu título e eu o ganhei
    (pow pow)
Não tô mentindo, eu sou o melhor
(pow pow)
    Venha e me coloque à prova
    (pow pow)

Eu vou limpá-los até que chiem
(pow pow)
    No meio da semana que vem
    (pow pow)
Eu vou lustrar até que gemam
(pow pow)
    Até eles me chamarem de "mestre meu"
    (pow pow)

Por trinta e cinco centavos
(pow pow)
    Você pode ter um lustre de luxo
    (pow pow)
Você quer pagar vinte e cinco?
(pow pow)
    Então dê lá pra sua filha
    (pow pow)

Não tô brincando de rima, senhor
(pow pow)
    Você pode dar pra sua irmã
    (pow pow)

Como quiser ler isso
(pow pow)
    Talvez seja o que sua mãe precisa
    (pow pow)

Digamos que eu seja duro e ganancioso
(pow pow)
    Eu sou capitalista, saca?
    (pow pow)

Rostos

Rostos e mais relembram
e rejeitam
os dias marrom-caramelo da juventude.
Rejeite a teta sugada ao sol das
manhãs da infância.
Meta um focinho de guerra nos olhos paralisados de confiança
de sua boneca favorita
Respire, Irmão,
e troque um momento de ódio por amor organizado.
Um poeta grita "CRISTO ESPERA NO METRÔ!"
Mas quem vê?

Para um lutador da liberdade

Você toma um gole amargo.
Eu bebo as lágrimas que seus olhos se esforçam para segurar,
Uma xícara de borra, de meimendro mergulhado em palha.
Seu peito é quente,
Sua fúria é pesada e fria,
Durante o descanso da tarde, você sonha,
Eu escuto os gemidos, você morre mil mortes.
Quando tiras de cana açoitam o corpo
escuro e fraco, você sente o golpe.
Escuto na sua respiração.

Tumulto: anos 60

Nossa
casa de penhores SEU AMIGO CHARLIE
sofreu um incêndio glorioso
Eu ouvi as chamas lamberem
e depois comerem as bandejas
de zincão
coladas em ligas de ouro vermelho

Roupas de páscoa e peles roubadas
queimadas no sótão
rádios e tevês
estalaram com a estática
conectados
apenas numa tomada racial

Alguns pensaram que
a COMPANHIA MÓVEIS DE FINANCIAMENTO AMIGÁVEL
tinha queimado mais alto
Quando um sofá de estampa de leopardo com pés dourados
(que vira uma cama)
pegou fogo,
um gemido de admiração do bando em espera
"Proprietário ausente
você teve o que mereceu"

Iluminação: cem Watts
Detroit, Newark e Nova York
Nervos berrando, mentes explodindo
vidas ligadas ao apito de um policial
ao dedo de uma assistente social
na campainha

Hospitalidade, no estilo do Sul
grãos de milho e sorrisos dissimulados
blocos inteiros, novas
estrelas novinhas em folha
policiais vistos em seus
carros novinhos em folha
Chugga chugga chigga[5]
me arranja um preto
saqueando e queimando
ele não vai longe

Melancias, bem maduras
vértebras cervicais e tripas ferventes
o supermercado assando como
o sol do meio-dia
o guarda nacional nervoso com sua arma reluzente
acelera o motor mais rápido
aí está meu pega-preto
atira na barriga dele
atira enquanto ele corre

---

[5]   N.E.: Som emitido pelo trem.

Nós vimos além da nossa aparência

Nós vimos além da nossa aparência
Estes dias de gritos sangrentos

De crianças morrendo inchadas
Lá onde os lírios flutuavam

De homens todos amarrados e balançando
Dentro de templos sufocando

Nossa culpa é um fungo cinza crescendo
Nós sabíamos e mentimos

Ensurdecidos e relutantes
Apoiamos a matança

E agora nossas almas deitam quebradas
Tábuas secas sem nenhum sinal.

Ode negra

Sua beleza é um trovão
E eu me tornei uma peregrina — uma peregrina
Atordoada
Latas caídas no beco ao anoitecer
E sons úmidos
"Ô, baby, veja o que conseguiria se seu nome
    fosse Willie"
Oh, mergulhar nas suas palavras como no rapé.

Uma gargalhada, negra e estridente
E eu sou um ser — um ser
Inteiro
Nos corredores da Igreja Batista, gemidos
e sons úmidos
"Abençoe o coração dela. Toma o seu leito e anda.
Você esteve muito sobrecarregada"
Oh, vou lamber seu amor como lágrimas.

Não não não não

Não
bestas de duas pernas
que caminham iguais aos homens
metendo o dedo nas suas bundas encrostadas
enquanto bebês crepitantes
cobertos por napalm
abrem suas bocas para receber
lágrimas ardentes
nas suas línguas rachadas
APENAS ME DÊ UM COPO DE ÁGUA GELADA
ANTES QUE EU MORRAAA

Não
a prostituta da costa leste
com as pernas abertas
seduz a Europa para ENTRAR
nela
e virando suas costas cagadas por pombos pra mim
pra mim
eu, que carreguei o carvão que alimentou os navios
que a trouxeram pelo cemitério sinuoso
dos meus muitos irmãos

Não
as tardes regadas a coquetéis
do que eu posso fazer.
No meu mundo cor-de-rosa de camadas brancas
eu deixei seus homens encherem minha boca
com seu ódio forte latejante
e engoli depois
Deixei suas mamães
roubarem da minha cozinha

(eu sempre achei meio engraçadinho)
Eu afaguei os queixos dos
seus crioulinhos de cabelo em pé
O que mais eu posso fazer?
Nunca serei negra como você.
(ALELUIA)

Não
os padres de sapatos vermelhos
sendo carregados em palanquins
num país de crianças descalças
as santas rebocadas olhando para baixo
benevolentes
sobre mães ajoelhadas
catando feijões não digeridos
da merda do dia anterior.

Eu esperei
dedos apertados, chapéu enrolado
de coração e vagina
na mão
nas varandas traseiras
de sempre
nas cozinhas e nos campos
das rejeições
nos degraus frios de mármore
da Casa Branqueadora da América
nos bancos articulados dos ônibus
nas braguilhas abertas da guerra

Não mais
o sonho de que você
deixe de me assombrar
nos pântanos que cheiram a medo

e volte para acolher sua própria
humanidade
da qual FAÇO PARTE

Não mais
a esperança de que
os insultos afiados
que deslizam pela sua língua como mercúrio
sejam esquecidos
e de que você aprenda as palavras de amor
Mãe Irmão Pai Irmã Amante Amigo

Minhas esperanças
morrendo lentamente
como pétalas de rosa caindo
sob a lua vermelha de outono
não enfeitarão seus túmulos sem nome

Meus sonhos
deitados em silêncio
numa poça escura sob as árvores
não levarão seu nome
para uma praia esquecida
Mas que pena

Que pena
que essa pena se retraiu em si mesma
como a boca de um homem velho
que perdeu os dentes
e eu não tenho pena.

Minha culpa

Minha culpa são "as correntes da escravidão", por muito tempo
o barulho do ferro caindo ao longo dos anos.
Este irmão vendido, esta irmã que se foi,
tornam-se uma cera amarga tapando os meus ouvidos.
Minha culpa fez música com as lágrimas.

Meu crime são "os heróis mortos e esquecidos",
Vesey, Turner, Gabriel, mortos,
Malcolm, Marcus, Martin King[6], mortos.
Eles lutaram pesado e amaram bem.
Meu crime é estar viva para contar.

Meu pecado é "estar pendurada numa árvore",
eu não grito, isso me deixa orgulhosa.
Decidi morrer como um homem.
Faço isso para impressionar a multidão.
Meu pecado é não gritar mais alto.

---

[6] N.E.: Denmark Vesey (1767–1822) foi um carpinteiro abolicionista acusado
de liderar um levante na Carolina do Sul (EUA). Nat Turner (1800–1831), escravo
estadunidense, liderou uma rebelião em Virgínia (EUA). Gabriel (1776–1800) foi um
ferreiro que tentou organizar um motim, também em Virgínia. Malcolm X (1925–
1965) e Marcus Garvey (1887–1940) foram ativistas pelos direitos civis dos negros
nos Estados Unidos. Martin Luther King (1929–1968) é reconhecido como um dos
principais líderes negros na luta contra a discriminação racial nos Estados Unidos.

Chamada

Ele era chamado de homem de cor
depois de responder a um "ô, preto".
Isso é um salto gigante,
seja lá o que você pensa.
        Ó, gata, olha a minha fumaça.
De um homem de cor para um Preto,
Com um P maiúsculo,
era como dizer Japonês
em vez de dizer Japa.
        Digo, na época da guerra.
O próximo grande passo
foi uma mudança real,
De Preto com P maiúsculo
para um judeu.
        Canta, agora, Yiddish Mama.
Pele clara, amarelada, marrom
e pele marrom-escura,
eram cores ok para
descrevê-lo naquela época.
        Ele era um buquê de rosas.
Ele mudou suas estações
como um almanaque.
Agora, você vai se machucar
se não chamá-lo de "Negro".
        Preto, dessa vez não tô brincando.

Sobre o proletariado progressista branco

Eu não estou chamando a Legião Estrangeira
Ou qualquer um para conseguir minha liberdade
Ou para lutar minha batalha melhor do que eu.

Enquanto houver algo pelo que chorar
Haverá pelo que morrer
Essa é a responsabilidade de todos.

Eu receio que eles tenham que provar primeiro
Que tenham que ver o homem negro mover-se primeiro
Para, então, segui-lo com fé ao reino que virá.
Esta estrada não é asfaltada para a gente,
Então, eu acreditarei na ajuda dos progressistas para nós
Quando eu vir um branco carregar a arma de um negro.

Desfile de moda antigo

Seus cabelos, modelados, rostos exaustos
ossos salientes, na altura dos quadris,
as modelos desfilavam, suportadas e enfezadas
e depois, faziam biquinhos com os lábios.

Elas tinham um jeito nojento, ostentado como um banner,
enquanto olhavam de cima a baixo, na altura do nariz.
Eu iria para o inferno antes que me vendessem
qualquer coisa que elas vestiam.

Toda a Burguesia Negra diz: "vamos"
quando "bora" é o que querem dizer,
deveria olhar em volta, para cima e para baixo,
antes de ficarem se achando.

"Certamente", eles juram, "é isso o que eu vou vestir
quando for ao clube de campo".
Eu os lembraria: por favor, olhem esses joelhos,
ralados de esfregar o chão da patroa.

Os treze anos (para os negros)

Sua Mamãe deu para gritar,
Seu Papai foi para a guerra,
Sua irmã está pelas ruas,
Seu irmão está no bar.
Os treze anos. É isso aí.

Seu primo está na heroína,
Seu tio está em cana,
Seu mano está na sarjeta,
Em busca de um grama.
Os treze anos. É isso aí.

E você, você me faz sentir pena,
Aqui tão sozinho,
Eu te xingaria de alguma coisa bem ruim,
Mas não resta mais nada,
Exceto
Os treze anos. É isso aí.

Os treze anos (para os brancos)

Sua Mamãe beijou o motorista,
Seu Papai trepou com a cozinheira,
Sua irmã fez algo errado,
bem no meio do livro,
Os treze anos. É isso aí.

Sua filha veste saqueira,
Seu filho veste sutiã,
Seu irmão drogou sua prima
no banco de trás do carro.
Os treze anos. É isso aí.

Seu dinheiro acha que você é alguma coisa,
Mas se eu aprendesse alguns palavrões,
Eu te diria qual é o seu nome.
Mas não há nada pior
do que
Os trezes anos. É isso aí.

Amarelinha do Harlem

Um pé para baixo, pule! É quente.
    Boas coisas para quem tem.
Outro pulo, agora para a esquerda.
    Todo mundo por si mesmo.

No ar, agora com os pés para baixo.
    Já que você é negro, não fique por aqui.
A comida acabou, o aluguel venceu,
    Xingue e chore, depois dê dois pulos.

Todo mundo desempregado,
    Conte até três, depois gire e arranque.
Cruze a linha, e eles te excluem.
    É disso que o jogo se trata.

Pés no chão, o jogo acabou.
Eles pensam que eu perdi. Eu penso que venci.

Oh, reze
para que
minhas
asas me
caiam bem

Para Paul

PARTE
UM

Pegar e dar o fora

Tem uma garota de pernas compridas
em São Francisco
lá pela ponte Golden Gate.
Ela disse que me daria tudo o que eu quisesse
mas eu não pude esperar.
Eu comecei a
       Dar o fora,
       Dar o fora,
       Dar o fora,
indo para a próxima cidade,
Querida.

Tem uma morena bonita
em Birmingham.
Caras, ela era pequena e fofa
mas, quando ela começou a querer me amarrar,
eu peguei meu terno e comecei a
       Dar o fora,
       Dar o fora,
       Dar o fora,
indo para a próxima cidade,
Querida.

Conheci uma mulher amável em Detroit
e pensei que minha hora havia chegado
Mas, antes que eu dissesse "aceito",
eu disse "tenho que correr" e comecei a
       Dar o fora,
       Dar o fora,
       Dar o fora,
indo para a próxima cidade
Querida.

Não há palavras para o que eu sinto
por um rosto bonito
Mas, se eu ficar, talvez eu perca
algo ainda mais bonito em outro lugar
Eu comecei a
       Dar o fora,
       Dar o fora,
       Dar o fora,
indo para a próxima cidade
Querida.

Um brinde à recomposição

Eu fui numa festa
 lá em Hollywood,
A atmosfera era péssima
  mas as bebidas estavam boas
   e foi onde ouvi você rir.

Então, eu fiz um cruzeiro
 num velho navio grego,
A tripulação era divertida
  mas os convidados não eram descolados,
   foi onde encontrei suas mãos.

Numa caravana
 para o Saara,
O sol acertava como uma flecha
  mas as noites eram grandiosas,
   e foi assim que eu encontrei seu peito.

Numa tarde no Congo
 onde o Congo termina,
Eu me encontrei sozinha, ah
  mas eu fiz alguns amigos,
   e foi onde eu vi seu rosto.

Eu tenho dedicado
 todo meu tempo para reunir
partes suas que flutuam
 ainda descoladas.

E você não vai se recompor
Para

Mim

NENHUMA VEZ?

Chegando aos quarenta

Outros anos conhecidos
caminham de lado
de maneira
modesta
através de uma cortina de lágrimas
duras para um palco
entabuado de risadas
e encerado com perdas sentidas.
Mas os quarenta
com a insolência autorizada
de um policial
fardado sapateia
sem aviso
para dentro do roteiro
dá uma boa roçada na
cortina gasta da juventude
e atrasa a ação.

A menos que você tenha uma sabedoria
inata
e graça
e seja esperto o bastante
para morrer aos
trinta e nove.

Telefone

Vem em preto
e azul, bege
indeciso. Em vermelho e faz companhia à minha vida.
Sentado igual a uma tia
rigorosa e solteirona
preso entre as minhas necessidades
e a falta.

Faz a renda do dia, um crochê
com a vida dos outros
em arranjos sofisticados,
me ignorando,
ocupado com a bainha
de assuntos prolongados de estranhos ou
remendando os sonhos
desgastados dos
meus vizinhos.

Da segunda-feira, a manhã da semana,
pelo restante das horas
meio-dia até a luz de domingo
morrendo. Silêncio.
O som da agulha
não cativa meu ouvido
nem leva meus anseios
ao fim.

Toca, telefone. Maldito!

PARTE
DOIS

Matando o tempo

Sua pele é como o alvorecer
A minha, como o crepúsculo.

Uma delas colore o começo
de um certo fim.

A outra, o final de um
começo certo.

Agora há muito tempo

Numa primavera inocente
sua voz era para mim
menos que pneus rodando
numa rua longe daqui.

Seu nome, talvez dito,
não era seguido por um coro
de batutas
sem ensaio
batendo contra meu
peito vazio.

Aquela primavera fria
foi encurtada pelo
seu verão, corajoso, impaciente
e tudo foi esquecido
exceto quando o silêncio
vira a chave
do meu quarto, no meio da noite
e vem dormir sobre o seu
travesseiro.

Dia cinza

O dia fica pesado
indefinido e cinza
quando você está longe.

Uma coroa de espinhos
e uma camisa de pelos
é o que eu visto.

Ninguém conhece
meu coração solitário
enquanto estamos separados.

Pobre garota

Você tem outro amor
   e eu sei disso
Alguém que adora você
   assim como eu
Prendendo-se às suas palavras
   como se fossem douradas
Pensando que ela entende
   sua alma
Pobre garota
   Assim como eu.

Você está partindo outro coração
   e eu sei disso
E não há nada
   que eu possa fazer
Se eu tentar dizer a ela
   o que sei
Ela não vai entender
   e me fará ir embora
Pobre garota
   Assim como eu.

Você também irá abandoná-la
   e eu sei disso
Ela nunca saberá
   o que fez você partir.
Ela chorará e se perguntará
   o que fez de errado
Então, ela começará
   a cantar esta canção
Pobre garota
   Assim como eu.

Venha. E seja meu amor

A estrada está cheia de carros grandes
indo rápido demais para lugar nenhum
E o pessoal anda fumando qualquer coisa que pegue fogo
Algumas pessoas cobrem suas vidas com uma taça de coquetel
E você senta e pensa
para qual lado ir.
Deixa comigo.
Venha. E seja meu amor.

Alguns profetas dizem que o mundo acabará amanhã.
Enquanto outros dizem que nós temos mais uma ou duas semanas
O jornal está cheio de todos os tipos de horrores desabrochando
E você senta e pensa
O que irá fazer.
Deixa comigo.
Venha. E seja meu amor.

Sentidos da insegurança

Eu não conseguia distinguir fato de ficção
   ou se meu sonho era real,
A única previsão correta
   neste mundo inteiro era você.
Eu tinha tocado suas feições centímetro a centímetro
   escutei o amor e arquei com o custo.
A conversa fiada me jogou no irreal
   e me encontrou sem sentidos.

Sozinha

Deitada, pensando
Na noite passada
Como minha alma pode encontrar um lar
Onde a água não cause sede
E o pão não seja de pedra
Eu pensei em algo
E não acredito que esteja errada:
Que ninguém,
Ninguém mesmo
Se dá bem por aqui sozinho.

Sozinho, sozinho
Ninguém, ninguém mesmo
Se dá bem por aqui sozinho.

Tem muitos milionários
Com tanto dinheiro que não conseguem usar
Suas esposas andando por aí como almas penadas
Seus filhos cantam o blues
Eles vão em médicos caros
Para curar seus corações de pedra.
Mas ninguém,
Ninguém mesmo
Se dá bem por aqui sozinho.

Sozinho, sozinho
Ninguém, ninguém mesmo
Se dá bem por aqui sozinho.

Agora, se você me ouvir
Eu te conto o que eu sei
Nuvens de tempestade estão se formando
E o vento vem em golpes

A raça humana está sofrendo
E eu posso ouvir o gemido
Porque ninguém,
Ninguém mesmo
Se dá bem por aqui sozinho.

Sozinho, sozinho
Ninguém, ninguém mesmo
Se dá bem por aqui sozinho.

Comunicação I

Ela desejou seus beijos apaixonados e
noites com corpos entrelaçados.
Eles se abraçaram
entre as árvores
e à beira das águas.

Lembrando-a que
a lua esburacada estava a anos luz de distância,
ele falava sobre a Grécia, sobre o Partenon
e sobre a barca de Cleópatra.

Ela esticou seu pé
dentro da espuma do oceano
até as canelas.

Ele citou Pope[7] e Bernard Shaw[8]
e *O apanhador no campo de centeio.*

Com a sandália perdida,
ela enxugou seus dedos
e, depois, sua testa.

Com os olhos secos
caminhou até seu quarto
e contou com sinceridade à sua mamãe,
"De tudo que ele falou, eu entendi
que ele ama outra mulher".

---

[7] N.T.: Alexander Pope (1688-1744), poeta britânico.
[8] N.E.: George Bernard Shaw (1856-1950), autor irlandês.

Comunicação II
PARA ADELE

O Aluno

O pó das páginas antigas
nunca havia tocado seu rosto,
e chafarizes negros e agradáveis
ficaram mumificados no lugar
distante
de sua jovem ignorância.

A Professora

Ela compartilhou os esforços letrados
gravados em muros Faraônicos
e a angústia da Reconstrução[9]
ressoou pelos corredores
de todos os seus
secos sonhos.

---

[9] N.T.: A Reconstrução dos Estados Unidos foi o período entre 1865 e 1877. Começou após a Guerra da Secessão e foi marcado tanto pela integração parcial à sociedade dos negros que eram escravizados quanto pelo retorno dos Estados que haviam se separado do país.

Questionamento

Um dia
tomado pelo néctar do
agora
tece seu caminho entre
os anos
para encontrar-se na espelunca
da noite
para dormir e não ser
nunca mais visto.

Estarei eu menos
morta por escrever este
poema ou você ainda mais morto
porque o leu
depois de tantos anos.

Uma ideia

Me dê sua mão.

Abra espaço para eu
guiar e seguir
você
para além desta fúria de poesia.

Deixe que os outros tenham
a privacidade das
palavras que tocam
e do amor pela perda
de amor.

Por mim
Me dê sua mão.

**PARTE
TRÊS**

Pedido

Se este país é um bastardo
pode o gigolô sórdido
que fugiu
e deixou a mulher
lamentando em seu
parto prematuro,
por favor, volte e assuma
sua criança.
Dê a ela um nome legal para que mendigue
pela primeira vez
na vida.

África

E assim ela estava deitada
cana-de-açúcar doce
desertos nos seus cabelos
ouro nos seus pés
montanhas nos seus seios
dois Nilos nas suas lágrimas.
E assim ela se deitou
Negra através dos anos.

Sobre os mares brancos
de geada branca e fria
bandidos grosseiros
com petulância fria
tomaram suas filhas jovens
venderam os seus filhos fortes
povoaram-na de igrejas a Jesus
sangraram-na com suas armas.
E assim ela deitou.

Agora, ela se ergue
lembre suas dores
lembre suas perdas
os gritos fortes e vãos
lembre suas riquezas
sua história sacrificada
agora ela caminha
ainda que estivesse deitada.

Estados Unidos da América

O ouro de sua promessa
    nunca foi extraído

O limite de sua justiça
    não está bem definido

Suas colheitas abundantes
    a fruta e o grão

Não alimentaram os famintos
    nem aliviaram sua dor profunda

Suas promessas orgulhosas
    são folhas ao vento

Sua orientação segregacionista
    é amiga da morte de negros

Descubra este país
    os séculos mortos choram

Levante tábuas nobres
    onde ninguém pode censurá-las

"Ela mata seu futuro brilhante
    e estupra por uma alma

Então, prende seus filhos
    usando lendas falsas"

Eu te imploro

Descubra este país.

Para nós, que ousamos não ousar

Me seja um Faraó
Me construa pirâmides altas de pedra e dúvidas
Me veja o Nilo
durante o crepúsculo
e onças se movendo para
calma água fresca.

Me nade o Congo
Me escutem caudas de jacaré
batendo nas ondas que chegam
na costa passada.

Me balancem videiras, depois daquele baobá,
e me fale líder
Me cantem pássaros
piscada de cores iluminando através das folhas verdes brilhantes.

Me prove fruta
seu suco caindo livre da
árvore mãe.

Me conheça

África.

Senhor, no meu coração
PARA COUNTEE CULLEN

Círculos sagrados
    Me envolvem

Ondas espirituais no
    Som do espírito

Meseque e
    Abdenego

Carruagem de ouro
    Balançando baixo

Eu recito
    No meu sono

A profundeza fria
    e salgada do Jordão

Lições bíblicas na
    Escola dominical

Se curve diante da
    Regra de Ouro

Agora eu me pergunto
    Se tentasse

Poderia oferecer a
    outra face

Admirada
    pensando bem
Deixe que o golpe caia

sem dizer nada

Da minha semelhança
com Cristo

E da natureza
da minha alma

Eu acertaria com
fúria divina

Até o culpado
cair de costas

Atingido pela
fúria vermelha

Até meus inimigos
caírem mortos

Professores da minha
juventude

Ensinaram o perdão
reforçaram a verdade

Eis então minha
Falha Cristã:

Se eu for atingida,
revidarei.

Pose astuta

Das folhas caídas e dos derretidos
flocos de neve, dos pássaros
em seu regozijo
Alguns poetas cantam
suas melodias
suavizando minhas noites
docemente.

Meu lápis trava
e não vai
por esse caminho silencioso.
Preciso escrever
sobre amores falsos

e sobre ódio
e sobre cóleras odiosas
rápido.

PARTE
QUATRO

O casal

Descarte o medo e então o que
ela seria?   Uma imitação
em trapos e ossos
da docilidade de uma mulher
Arcaica em seu nascimento.

Descarregue o ódio e então quando
ele estaria?   Uma imitação
em gemidos desordenados
da riqueza de um homem
fraudada em seu valor.

Dissolva a ambição e então por que
eles continuariam?   Tronos enfraquecidos
pela memória da bondade
mortal
exilada desta terra.

O traficante

Mau
Oh, ele é mau
Ele faz um branquelo
se peidar. Faz o branquelo
desviar os olhos azuis
e ficar de ânus apertado, quando
meu homem olha no
fundo de seus olhos azuis.

Ele pensa
Que não brinca
Sua coroa crespa levanta
olhares. Levanta sobrancelhas
de admiração e inveja
escura quando ele, penteado
bota o pé na rua.

Elegante
Vestido com uma Dashiki[10]
Encerada sobre a pele
lembranças do amanhecer do Congo
atadas no seu peito.
Vermelho Sangue Vermelho e Preto.

Ele comprou
Oh, ele conseguiu
o livro do Malcolm[11]
Conferiu a
foto, sacou algumas linhas
divinas. E imaginou quantas
esposas/filhas do

---

[10] N.E.: Peça de roupa colorida utilizada, principalmente, na África Ocidental.
[11] N.E.: Um dos grandes defensores do nacionalismo negro dos EUA.

Branquelo (erroneamente chamado de O Homem)
cobra-cipó
pegariam, curtiriam ambos.
(Ele, de Dashiki, com seu afro
e o livro.)

Ele escondeu
Ele ficou escondido
perto, muito perto da Biblioteca MLK. P.S. nada
nada nada. Respirando
o abate no Instituto
Malcolm X. O punho completamente
cerrado, os dedos pressionando
a palma da mão. Subindo pelo
céu dos olhos azuis do branquelo.

     "É NEGRO!"
     "TEMPO DA NAÇÃO!"
     "A GLÓRIA DO AMANHÃ AQUI HOJE"

Solte a mão
Observe nosso presente Negro.
Aí está, leve sobre as palmas
cor de cobre, uma morte de
cocaína. Uma porrada de heroína
na noite eterna dos barbitúricos.
Cem jovens
correndo para a
Anfetamina.

Certo,
Oh, ele é mau
Pior que a morte
e não oferece uma doce
libertação.

Chicken-Licken[12]

Ela tinha medo dos homens,
dos pecados e dos humores
da noite.
Quando ela viu uma cama
trancas estalaram
na sua cabeça.

Ela esculpiu uma carranca
no rosto e tapou com ela
o buraco da fechadura.
Colocou uma corrente
em volta de sua porta e fechou
sua mente.

Seus ossos foram encontrados
quase trinta anos depois
quando destruíram
seu edifício para
fazer um estacionamento.

A autópsia dizia:
morte por ausência aguda de pessoas.

---

[12] N.T.: Conto popular em que a personagem, uma galinha medrosa, se desespera ao deduzir que o mundo está acabando depois que uma pinha cai sobre sua cabeça.

PARTE
CINCO

Quase me lembro

Eu quase me lembro
    de sorrir alguns
anos atrás
    até mesmo atingindo o teto
com minha risada cheia de dentes
(há mais tempo que
    os sorrisos).
Noite aberta, olhos nas notícias, eu assisto
canais de fome
    escritos nos rostos de crianças
    barrigas balões a estourar
no ar da minha sala de estar.

Havia um sorriso, eu recordo
agora congelado em
um brilho desconhecido. Mesmo uma risada
que fez cócegas nos peitos do
céu
(mais velha que o sorriso).
Nos gráficos, com medo, eu vejo as mãos
negras e mestiças e os
dedos finos brancos e amarelados

Rebento escorregando pela
margem da vida. Esquecido por
todos, exceto pelo ódio.
Ignorado
por todos, exceto pelo desdém.

Nesta tarde quando
a calma habita meu jardim,
quando a grama dorme e
as ruas são só caminhos para a névoa
silenciosa

Eu quase me lembro

De ter sorrido.

Prisioneiro

Até a luz do sol se atreve
e vibra através
das minhas barras
para fazer brilhar
danças
sobre o chão.
O tinido da
fechadura e
chaves e saltos
e armas
com sangue seco.
Até a luz do sol
se atreve.

Prisão
    e fiança
e tentar escapar.

Guardas cinzentos
servem barulho
ruído e concreto
morte e feijões.
A palidez do sol tropeça
nas hastes de
ferro para aquecer o horror
de guardas cinzentos.

Prisão
    e fiança
e tentar escapar.

Noite escura. Eu
o meu eu de mim se esguia
pelos sulcos e pela história
do medo. Para me manter em
segredo profundo e fechar meus
ouvidos para tréguas e tinidos
e lembranças de ódio.
Anoitece, sono
e sonhos.

Prisão
    e fiança
e tentar escapar.

Eu, mulher

Seu sorriso, delicado
rumor de paz.
Revoluções ensurdecedoras se aninhando no
decote dos
seus seios.
Reis-pedintes e sacerdotes de anéis vermelhos
buscam a glória no encontro
entre suas coxas.
A pegada dos Leões. O colo das Ovelhas.

    Suas lágrimas, joias
    arrumadas num diadema
    que fizeram com que os Faraós mergulhassem
    fundo no seio do
    Nilo. Spas do Sul fecham rápido
    suas portas à noite quando
    os ventos da morte sopram seu nome.
    A noiva dos furacões.   O enxame de ventos de verão.

Sua risada, ressoando mais alto
que os sinos das catedrais em ruínas.
Crianças tentam alcançar em seus dentes
modelos de como viver suas vidas.
O pisar forte dos pés. Um bando de mãos rápidas.

John J.

Sua alma coalhada
leite parado
          infância que deu errado.

Pele azul, cor de ameixa azul, marrom empoeirada
olhos pretos brilhantes.
          (A mãe não o queria.)

A cabeça redonda, lisa como seda
Mudou para cachos caindo.
Senhoras com cheiro de farinha
e talco, Cashmere Bouquet[13], dizem
"Essa criança é bonita o suficiente para ser uma menina."
          (Mas a mãe não o queria.)

John J. sorria: "Como você pode resistir a mim?"
e dançava para conjurar raios no
céu de uma manhã de verão.
Deu um beijo de maçã na professora.
          (Mas a mãe não o queria.)

Seus nervos se estenderam duas mil milhas
e encontraram uma cantora boêmia,
enfrentando o bar
apostando em uma sequência nos dados,
gim sobre gelo,
e a versão dos anos 30
de uma pessoa qualquer
na piscina.
          (Ela não o quis.)

---

[13] N.T.: Marca de talco.

Arkanásia sudeste

Depois que o descaroçador de algodão do Eli Whitney[14]
trouxe ao fim gerações
de escambo de carne e ossos quebrados
Isso te limpou de seus pecados?
      Você pensou sobre isso?

Agora, quando os fazendeiros enterram trigo
e os vaqueiros despejam a manteiga
doce sobre o Davy Jones[15]
Isso purifica sua rua?
      Você se pergunta isso?

Ou a sua culpa é um demônio da noite
que de assalto acorda a sua parcela
de gemidos silenciados
e a ausência de desespero
      lá adiante?

---

[14] N.E.: Inventor do desencaroçador de algodão.
[15] N.E.: Personagem lendário que vive no fundo do mar.

Canção para meus velhos

Meus Pais se sentam em bancos
    suas carnes contam cada paulada
    as ripas deixam entalhos escuros
bem fundo nos seus flancos murchos.

Eles acenam como velas quebradas
    encerados e queimados profundamente
    e dizem "É a compreensão
que faz o mundo girar."

Nos seus rostos enrugados
    eu vejo o palanque do leilão
    as correntes e as filas de escravos
o chicote, o açoite e o tronco.

Meus pais falam em vozes que
    trituram minha verdade e
    dizem "É a nossa submissão
que faz o mundo girar."

Eles usaram a maior astúcia
    inteligência e artimanha
    a humildade do Tio Tomming
e os sorrisos da Tia Jemima.

Eles riam para esconder o choro
    abreviaram os seus sonhos
    e carregaram um país no lombo
para escrever o blues com gritos.

Eu entendo o significado
    poderia vir e vem
    de viver à beira da morte
Eles mantiveram minha raça viva.

Criança morta nos velhos mares

Pai,
Eu te espero nos oceanos
marés que alcançam pirâmides
acima da minha cabeça.
Ondas, ondulantes
tranças ao redor dos meus
pés negros.
Os céus mudam e
as estrelas encontram buracos
novos no desalento da escuridão.
Minha busca continua.
Conchas delicadas sobre punhos pálidos
de debutantes me lembram você.
A ausência da infância
não silenciou
sua voz. Meus ouvidos
escutam. Você sussurra
na passagem das águas.

Lamentos profundos soam
de dentro do mar
e sua canção
flutua até mim
ressoando savanas perdidas,
florestas e tambores. Palmeiras se dobrando
balançando como uma mulher
crianças da cor de uvas
riem nas praias
de areias brancas
como os seus ossos
limpos
aos pés de
águas de muito tempo atrás.

Pai.
Eu te espero
guardada nas
entranhas de
baleias. Seu
sangue agora
azul
espuma
sobre
a superfície ondulada
da nossa
sepultura.

Tire um tempo

Quando você o vir
numa estrada, pegando carona,
usando miçangas
com mochilas nas costas,
você deveria perguntar
Qual é a de toda essa
guerra e discórdia
e
matança e
comoção.

Tire um tempo.

Quando você o vir
com uma bandana na cabeça
e um beliche, excedente do exército,
que lhe serve de cama
é melhor você se perguntar
Qual é a de toda essa
pancadaria e
trapaça e
sangramento e
privação.

Tire um tempo.

Quando você a vir caminhando
descalça na chuva,
e você sabe que ela está de viagem
num trem só de ida,
você precisa perguntar
Qual é a de toda essa

mentira e
morte e
fuga e
tiroteio.

Tire um tempo.

Tome um minuto
sinta alguma tristeza
pelas pessoas
que pensam que o amanhã
é um lugar que
podem chamar
pelo telefone.
Tire um mês
e mostre alguma gentileza
com as pessoas
que pensaram que a cegueira
era uma doença que
afetava somente os olhos.

Se você sabe que a juventude
está morrendo durante a fuga
e que minha filha troca
histórias sobre drogas com seu filho
nós deveríamos ver
em que todo o nosso
medo e nossa
zombaria e nosso
choro e
nossa mentira
resultou.

Tire um tempo.

Elegia
PARA HARRIET TUBMAN E FREDRICK DOUGLASS

Deito no meu túmulo
e assisto aos meus filhos
crescerem
Flores imponentes
acima das ervas daninhas da morte.

Suas pétalas acenam
e ninguém ainda
conhece a preta, macia
e suja mortalha que me
cobre. Os vermes, meus amigos,
escavam, contudo, buracos nos
ossos e através deles
eu vejo a chuva.
O calor do sol
agora golpeia
dentro deste meu espaço e
me traz raízes dos meus
filhos nascidos.

Suas sementes devem cair
e penetrar abaixo
desta terra,
e me encontrar onde
eu espero. Apenas preciso
fertilizar seu nascimento.

Deito no meu túmulo
e assisto aos meus filhos
crescerem.

Reversos

Quantas vezes nós devemos
    da bunda à cabeça
Da mente ao rabo
    do flanco às bolas
    do pinto ao cotovelo
    do quadril ao dedo do pé
    da alma ao ombro
    confrontar a nós mesmos
    em nosso passado.

Papo de garotinha

Ninguém é melhor que meu Paizinho,
    pode ficar com os seus vinte e cinco centavos,
    eu não sou sua filha,
Ninguém é melhor que meu Paizinho.

Não tem coisa mais bonita que minha boneca,
    ouviu o que eu disse?
    não bate na cabeça dela,
Não tem coisa mais bonita que minha boneca.

Ninguém cozinha melhor que minha Mãezinha.
    cheira esta torta,
    viu? eu não minto,
Ninguém cozinha melhor que minha Mãezinha.

Este dia de inverno

A cozinha é a sua disposição
coisas brancas, verdes e alaranjadas
derramam seu sangue na sopa.

Um ritual de sacrifício que estala
um cheiro no meu nariz e põe
minha língua para marchar,
deslizando no líquido que goteja.

O dia, listrado pela prata
da chuva, bate contra
minha janela e minha sopa.

**E ainda assim
eu me levanto**

Este livro é dedicado
para algumas
das Boas Pessoas
Você, para rir junto
Você, para chorar
Eu quase posso fazer tudo de novo

Jessica Mitford
Gerard W. Purcell
Jay Allen

PARTE
UM

**Me toque, vida,
mas não suavemente**

Um tipo de amor, dizem

É verdade que as costelas sabem
Distinguir o coice de um animal do
Soco de um amante? Os ossos
Machucados lembram bem
Do choque súbito, do
Impacto forte. As pálpebras inchadas
E os olhos tristes não falam sobre
Um romance perdido, mas de dor.

O ódio geralmente é confuso. Seus
Limites estão em zonas além de si. E
Os sádicos não aprenderão que
O amor, por sua natureza, causa uma dor
Inigualada na tortura.

Amante do interior

Blues moderno
Sapatos de bico fino
Calça pescador
Baile de sábado
Água tônica vermelha
e a filha de qualquer um

Recordação
PARA PAUL

Suas mãos peso
leve, provocando as abelhas que
se escondem no meu cabelo, seu sorriso na
encosta da minha bochecha. Na
ocasião, você pressiona
acima de mim, incandescente, jorrando
prontidão, o mistério viola
minha razão.

Quando você já se retirou
e levou a magia, quando
apenas o cheiro do seu
amor permanece entre
meus seios, então, só
então, eu posso consumir avidamente
sua presença.

Onde pertencemos, um dueto

Em toda cidade e povoado,
Em toda praça,
Em lugares lotados
Eu vasculhei os rostos
Esperando encontrar
Alguém com quem me importar.

Eu encontrei significados misteriosos
Nas estrelas distantes,
Então, fui para salas de aula
E salões de jogos
E bares mal iluminados.
Desafiando o perigo,
Saindo com estranhos,
De quem não lembro nem os nomes.
Eu era rápida e animada
E sempre fácil
Jogando os jogos românticos.

Eu levei para jantar mil exóticas Joans e Janes
Em salões de dança empoeirados, em bailes de debutantes,
Em solitárias estradas do campo.
Eu me apaixonava para sempre,
Duas vezes por ano, mais ou menos.
Eu os atraía suavemente, era completamente deles,
Mas eles sempre me deixavam ir.
Dizendo tchau por agora, não precisamos tentar agora,
Você não tem um certo charme.
Muito sentimental e muito gentil
Eu não tremo nos seus braços.

Então, você apareceu na minha vida
Como um amanhecer prometido.
Iluminando meus dias com o brilho dos seus olhos.
Eu nunca fui tão forte,
Agora que estou onde pertenço.

Mulher fenomenal

Mulheres bonitas se perguntam qual é o meu segredo.
Não sou bonita nem fui construída para caber em roupas de
modelo
Mas quando começo a falar,
Acham que eu estou mentindo.
Eu digo,
É o alcance dos meus braços,
A largura dos meus quadris,
O avanço dos meus passos,
A curva dos meus lábios.
Eu sou mulher
De um jeito fenomenal.
Uma mulher fenomenal,
Essa sou eu.

Eu entro em um lugar
Com toda a tranquilidade,
E encontro um homem,
Seus amigos se levantam ou
Caem de joelhos.
Então, eles me rodeiam como um enxame,
Uma colmeia de abelhas.
Eu digo,
É o fogo dos meus olhos,
E a claridade dos meus dentes,
O balanço da minha cintura,
E a alegria dos meus pés.
Eu sou mulher
De um jeito fenomenal.
Uma mulher fenomenal,
Essa sou eu.

Os próprios homens se perguntam
O que veem em mim.
Eles tentam muito
Mas não conseguem alcançar
Meu mistério íntimo.
Quando eu tento mostrar,
Dizem que ainda não podem ver.
Eu digo,
É o arco das minhas costas,
O sol do meu sorriso,
A curva dos meus seios,
A graça do meu estilo.
Eu sou mulher
De um jeito fenomenal.
Uma mulher fenomenal,
Essa sou eu.

Agora você entende
Porque minha cabeça não está abaixada.
Eu não grito nem me exalto
Nem tenho que falar alto.
Quando você me vê passando,
Deve se sentir orgulhoso.
Eu digo,
É o barulho dos meus sapatos,
É a curva dos meus cabelos,
A palma da minha mão,
A necessidade de minha atenção.
Porque eu sou mulher
De um jeito fenomenal.
Uma mulher fenomenal,
Essa sou eu.

Homens

Quando eu era jovem, costumava
Assistir através das cortinas
Homens subindo e descendo
A rua. Homens bêbados, homens velhos.
Homens jovens muito jeitosos.
Vejam. Homens sempre estão
Indo para algum lugar.
Eles sabiam que eu via. Quinze
Anos e faminta por eles.
Abaixo da minha janela, eles paravam,
Seus ombros altos como
Os seios de uma garota,
A barra da jaqueta batendo sobre
Aqueles traseiros,
Homens.
Um dia eles te seguram nas
palmas das mãos, gentilmente, como se você
Fosse o último ovo cru do mundo. Então,
Eles apertam. Só um pouco. O
Primeiro aperto é bom. Um abraço rápido.
Suave na sua desproteção. Um pouco
Mais. A dor começa. Arranca um
Sorriso que contorna o medo. Quando o
Ar desaparece,
Sua mente estala, explode feroz, rapidamente,
Como o fósforo de cozinha. Estilhaçada.
É o seu sumo
Que escorre pelas pernas dele. Manchando seus sapatos.
Quando o mundo se endireita novamente,
E o sabor tenta voltar para
     sua língua,
Seu corpo já se fechou. Para sempre.
Não existe chave.

Então, a janela se fecha completamente sobre
Sua mente. Lá, logo além
Do balanço das cortinas, homens caminham.
Sabendo de alguma coisa.
Indo para algum lugar.
Mas, desta vez, você simplesmente
Ficará para assistir.

Talvez.

Recusa

Amado,
Em que outras vidas ou terras
Eu conheci seus lábios
Suas mãos
Sua gargalhada corajosa
Irreverente.
Aqueles doces excessos que
Eu adoro.
Qual garantia nós temos
De que nos encontraremos de novo,
Em outros mundos, em algum
Tempo futuro indefinido.
Eu resisto à pressa do meu corpo.
Sem a Promessa
De mais um doce encontro
Me recuso a morrer.

Só por um tempo

Ah, como você costumava caminhar
Com esse sorriso tranquilo
Gostava de te ouvir falar
E seu estilo
Me agradou por um tempo.

Você foi meu amor precoce
Novo como um dia de Primavera
Você era a imagem de
Tudo
Que me fazia cantar.

Eu não gosto de relembrar
Nostalgia não é o meu forte
Eu não derramo lágrimas
Sobre anos passados
Mas a honestidade me faz dizer,
Você era uma pérola preciosa
Como eu amava te ver brilhar,
Você era a garota perfeita.
E você foi minha.
Por um tempo.
Por um tempo.
Só por um tempo.

PARTE
DOIS

Viajando

Dança do macaco viciado

Ombros caídos,
O peso das picadas de agulha.
Braços se arrastam, batendo úmidos em juntas
Fracas.

Os joelhos amolecem,
Sua conhecida magia perdida. O velho dobra e
Trava e estende esquecido.

Dentes balançam em gengivas fedidas.
Olhos disparam, morrem, depois flutuam em
Suco símio.

O cérebro vacila,
Os planos-mestre de ideias velhas apagados. As
Rotas desapareceram sob os rastros
Das caravanas pelo deserto, antes da escravidão
Anos atrás.

Os sonhos falham,
Medos descontrolados no caminho de casa
Tomam conta. Pouco a pouco, uma vingança sombria
Assassinato é seu doce romance.

Quanto tempo ainda
Este macaco vai dançar?

A lição

Continuo morrendo de novo.
As veias em colapso, abrindo-se como os
Punhos pequenos das crianças
Que dormem.
Lembranças de túmulos antigos,
Carnes apodrecendo e vermes
Não me demovem do
Desafio. Os anos
E as frias derrotas moram fundo nas
Linhas do meu rosto.
Embotam meus olhos, no entanto
Continuo morrendo,
Porque eu amo viver.

Pródiga Califórnia
PARA DAVID P-B

O olho segue, a terra
Se levanta, cria dobras, forma
As nádegas suaves de um jovem
Gigante. No abrigo,
Velhos tijolos crus perderam sua
Brancura, desbotaram em ocre,
E aguardam outro século.

Jasmíneas e velhas videiras
Tomam conta da terra fantasma,
Então, lagos tranquilos sussurram
Segredos íntimos da infância.

O rubor nas paredes internas do chalé
Rostos antigos,
Acostumados com a respiração gelada
De velhos solares, olham com desdém
O tempo rompido.

Ao redor e através dessas
Frias fantasmatalidades,
Ele caminha, insistindo
Ao ar lânguido,
Por atividade, música,
Uma generosidade de graças.

Seus campos de tremoços recusam velhos
Enganos e a papoula dança agilmente
Em rebelião dourada. Cada dia é
Fulminante, explosões de luzes
Sob os olhares de lordes

Grandiosos, congelados nos famosos quadros
De mestres mortos. Uma luz solar
Audaciosa lança o desafio
Aos pés deles.

Meu Arkansas

Há uma inquietação imensa
no Arkansas.
Crimes antigos pendem como musgo
dos álamos.
A terra escura
é mais vermelha
do que deveria.

O amanhecer aparenta hesitar
e naquele segundo
perde seu
propósito incandescente, e
durante o crepúsculo não há mais sombras
do que ao meio-dia.
O passado é mais claro ainda.

Ódios antigos e
rendas anteriores à Guerra foram rasgados,
mas não descartados.
O hoje ainda está para chegar
no Arkansas.
E se retorce. Se retorce em terríveis
ondas de inquietação.

Da periferia ao centro

Protegida por janelas cobertas de fuligem
E espanto, é
Delicioso. Merengue afanado
De um bolo para as visitas.

Pessoas. Negras e rápidas. Sementes de
Melancia espalhadas sobre
A rua de verão. Sorrindo por
Ritual, atrevida na pompa.

No movimento lento do trem
Elas são preciosas. Joias roubadas
Que não se vendem, queridas. Essas
Ondulações escuras transpiram noites
Da floresta, danças úmidas, suculentos
Segredos de coxas negras.

Imagens emolduradas e perfeitas
Não ultrapassam o revestimento
Da janela.

Intento deleite:
Histórias obscenas nos vestiários
Acompanham o baque de toalhas molhadas e
Assentos sanitários.
Conversas de política entre pais
Políticos: "Eles precisam de sapatos e de
Vagina e de uma latrina
Quente e privada. Eu tive uma criada
De cor..."

O trem, com destino a gramados verdes
Garagens duplas e mulheres mal-humoradas

Em casas temidas, se acomoda
Ao caminho de costume.
Deixando
As figuras escuras dançando
E sorrindo. Ainda
Sorrindo.

Damas do centro de caridade

O conselho dela foi aceito: os tempos são graves.
Era preciso um homem para fazê-las pensar,
e o pagamento seria com o dinheiro da vaquinha.

Nossa mulher checou seu relógio de ouro,
O palestrante tem um avião para pegar.
A sobremesa é servida (bem na hora).

Ele se inclina, empurra a cabeça
E pescoço e peito para frente, mãos nos quadris
No púlpito. Convoca a
Sinceridade como alguém que chama seu animal
Favorito.

Ele entende a raiva feminina,
Por que a Eva era luxuriosa e
Dalila
Era pura falsidade.

Nossa mulher pensa:
(Este bolo está muito doce).

Ele suspira pelo estupro aos dez anos
E pela morte juvenil, o assassinato
Da alma ao longo de muito tempo.

Nossa mulher observa:
(Este café está muito forte).

Os desempregados vagando
Pelas ruas do vinho quando
As manhãs não prometem um alívio brilhante.

Ela bate palma e escreve
Em seu bloco: (Da próxima vez o
Palestrante deve ser breve).

O dinheiro da assistência social da mamãe

Seus braços gordos, triângulos de semáforo,
As mãos roliças descansam sobre os quadris
Onde os ossos repousam sob anos de toucinho
E feijão-verde.
Sua mandíbula estremece em acusações
De crimes que se repetem em
Clichês. Seus filhos, estranhos
Para os brinquedos de infância, jogam
Melhor os jogos de entradas escuras,
Pega-pega de telhado, e conhecem a sensação
Escorregadia dos pertences alheios.

Gorda demais para se prostituir,
Desequilibrada demais para trabalhar,
Procura nos seus sonhos pelo
Sinal da sorte e caminha com as mãos vazias
Para o covil de burocratas em busca de
Sua porção.
"Eles não me dão assistência.
Eu tomo."

A cantora não cantará

PARA A.L.

Uma benção concedida. Não utilizada,
nenhum anjo prometido,
asas tremulando mentiras banais
por trás da sua ausência de sexo. Nenhuma
trombeta anunciou
profecias de fama lendária.
Porém, harmonias esperavam na
sua garganta rígida. Novas notas
à espera na sua
língua parada.

Seus lábios são sulcados
e carnudos. Pássaros roxos noturnos
aninhados para descansar.
A boca costurada, sem voz.
Os sons não se elevam além
daquelas paredes vermelhas.

Ela chegou atrasada e sozinha
neste lugar.

Willie

Willie era um homem desconhecido,
Quase ninguém sabia seu nome.
Aleijado e mancando, sempre caminhando lento,
Ele dizia: "Continuo me movendo
Me movendo mesmo assim."

A solidão era o clima de sua cabeça,
O vazio era seu companheiro de cama,
A dor ecoava nos passos do seu caminhar,
Ele dizia: "Eu continuo seguindo
Para onde os líderes apontam.

"Eu posso chorar e eu vou morrer,
Mas meu espírito é a alma de todas as primaveras,
Me observe e verá
Que estou presente nas músicas que as crianças cantam."

As pessoas o chamavam de "Tio", "Garoto" e "Ei,"
Diziam, "Você não pode viver mais um dia assim."
E esperavam para ouvir o que ele diria.
Ele dizia: "Eu estou vivendo
Nos jogos que as crianças brincam.

"Você pode entrar no meu sono, povoar meus sonhos,
Ameaçar a tranquilidade das minhas manhãs,
Mas eu continuo seguindo, gargalhando, chorando,
Certo como a brisa de verão.

"Espere por mim, fique atento a mim.
Meu espírito é a elevação do mar aberto.
Olhe por mim, pergunte por mim,
Eu sou o ruído das folhas de outono.

"Quando o sol nasce
Eu sou o tempo.
Quando as crianças cantam
Eu sou a Rima."

Bater na criança já era ruim o suficiente

Um corpo jovem, leve
Como a luz do sol no inverno, uma nova
Promessa explodindo da semente,
Pendurado num cordão de silêncio
Acima do futuro.
(A chance de escolher nunca foi conhecida.)
Fome, novas mãos, vozes estranhas,
Seu choro veio naturalmente, rasgando.

A água fervida na inocência, alegremente
Numa panela barata.
A criança trocou sua
Curiosidade pelo terror. A pele
Recuou, a carne sucumbiu.

Agora, os gritos estilhaçam
O ar quebrado, além de uma fome
Não lembrada e a paz das mãos estranhas.

Um corpo jovem flutua.
Em silêncio.

Trabalho de mulher

Eu tenho crianças para cuidar
As roupas para remendar
O chão para esfregar
A comida para comprar
Depois, o frango para fritar
O bebê para secar
Eu tenho as visitas para alimentar
O jardim para aparar
Eu tenho camisetas para passar
O bebê para vestir
A cana para cortar
Eu tenho que limpar essa cabana
Depois, cuidar dos doentes
E colher o algodão.

Brilhe sobre mim, luz do sol
Chova sobre mim, chuva
Caiam suavemente, gotas de orvalho
E refresquem minha testa novamente.

Tempestade, me sopre daqui
Com seus ventos violentos
Me deixe flutuar através do céu
Até que eu possa descansar novamente.

Caiam gentilmente, flocos de neve
Me cubram de beijos
Brancos e gelados e
Me deixem descansar esta noite.

Sol, chuva, céu turvo
Montanha, oceanos, folhas e pedras
Luz das estrelas, brilho da lua
Vocês são tudo o que posso chamar de meu.

Mais uma rodada

Não há sob o sol pagamento mais doce
Do que o descanso depois de um trabalho bem feito.
Eu nasci para trabalhar até morrer
Mas eu não nasci
Para ser escrava.

Mais uma rodada
E viramos o navio,
Mais uma rodada
E viramos o navio.

Papai moldava o aço e Mamãe mantinha a guarda,
Nunca os ouvi reclamando porque o trabalho era pesado.
Nasceram para trabalhar até morrer
Mas não nasceram
Para morrer escravos.

Mais uma rodada
E viramos o navio,
Mais uma rodada
E viramos o navio.

Irmãos e irmãs sabem as tarefas diárias,
Não foi o trabalho que fez com que perdessem a cabeça.
Eles nasceram para trabalhar até morrer
Mas não nasceram
Para morrer escravos.

Mais uma rodada
E viramos o navio,
Mais uma rodada
E viramos o navio.

E agora vou contar qual é minha Regra de Ouro,
Eu nasci para trabalhar, mas não sou nenhuma mula.
Eu nasci para trabalhar até morrer
Mas não nasci
Para morrer escrava.

Mais uma rodada
E viramos o navio,
Mais uma rodada
E viramos o navio.

O viajante

Atalhos e passados
E longas noites solitárias
Raios de sol e ondas do mar
E estrelas e pedras.

Sem homens e sem amigos
Nenhuma caverna é minha casa
Esta é a minha tortura
Minhas noites longas, solitárias

Família
PARA BAILEY

Estávamos interligados em anéis vermelhos
De sangue e solidão antes
Que a primeira neve caísse
Antes que os rios lamacentos semeassem nuvens
Sobre a floresta virgem, e
Homens corressem pelados, azuis e negros
Nus no abraço quente
De Sabá, Eva e Lilith.
Eu era sua irmã.

Você me deixou para forçar estranhos
Em moldes de irmão, exigindo
Tributos que eles nunca
Deveriam ou poderiam pagar.

Você lutou para morrer, pensando que
Na destruição está a semente
Do nascimento. Você pode estar certo.

Eu me lembrarei dos passeios silenciosos pelos
Bosques do Sul e das longas conversas
Em voz baixa
Ocultando o significado das orelhas grandes
De adultos muito curiosos.

Você pode estar certo.
Seu lento retorno das
Regiões de terror e gritos
Sangrentos acelera o meu coração.

Eu escuto de novo a gargalhada
Das crianças e vejo vagalumes
Causando pequenas explosões no
Crepúsculo do Arkansas.

Memória

Fileiras de algodão atravessam o mundo
    E as noites cansadas demais da saudade
Relâmpagos sobre as tiras de couro
    E todo meu corpo queimando

A cana-de-açúcar alcança Deus
    E cada bebê chorando
Envergonha o cobertor da minha noite
    E todos os meus dias estão morrendo

PARTE TRÊS

**E ainda assim
eu me levanto**

Ainda assim eu me levanto

Você pode me marcar na história
Com suas mentiras amargas e distorcidas
Você pode me esmagar na própria terra
Mas ainda assim, como a poeira, eu vou me levantar.

Meu atrevimento te perturba?
O que é que te entristece?
É que eu ando como se tivesse poços de petróleo
Bombeando na minha sala de estar.

Assim como as luas e como os sóis,
Com a certeza das marés,
Assim como a esperança brotando,
Ainda assim, eu vou me levantar.

Você queria me ver destroçada?
Com a cabeça curvada e os olhos baixos?
Ombros caindo como lágrimas,
Enfraquecidos pelos meus gritos de comoção?

Minha altivez te ofende?
Não leve tão a sério
Só porque rio como se tivesse minas de ouro
Cavadas no meu quintal.

Você pode me fuzilar com suas palavras,
Você pode me cortar com seus olhos,
Você pode me matar com seu ódio,
Mas ainda, como o ar, eu vou me levantar.

Minha sensualidade te perturba?
Te surpreende
Que eu dance como se tivesse diamantes
Entre as minhas coxas?

Saindo das cabanas da vergonha da história
Eu me levanto
De um passado enraizado na dor
Eu me levanto
Sou um oceano negro, vasto e pulsante,
Crescendo e jorrando eu carrego a maré.

Abandonando as noites de terror e medo
Eu me levanto
Para um amanhecer maravilhosamente claro
Eu me levanto
Trazendo as dádivas que meus ancestrais me deram,
Eu sou o sonho e a esperança dos escravos.
Eu me levanto
Eu me levanto
Eu me levanto.

É tão ruim assim?

Dançando o *funky chicken*
Comendo costela
Procurando os sons mais recentes
E bebendo gim aos goles.

Largando essa bandana
Armando meu cabelo,
Envolvida pela Negritude
Não irradio brilho?

Ouvindo Stevie Wonder
Cozinhando arroz e feijão
Indo à ópera
Conferindo a Leontyne Price.

Desça, Jesse Jackson
Dance, Alvin Ailey
Fale, senhorita Barbara Jordan
Sinta o ritmo, senhorita Pearlie Bailey.

Agora, eles são tão ruins assim?
E não são Negros?
E não são Negros?
E são tão ruins assim?
E são tão ruins assim?
E não são Negros?
E não estão bem?

Negros como as horas da noite
Quando seu amor se vira e se move para o seu lado
Negros como a terra que deu à luz
As nações, e quando tudo se for, ainda permanecerá.

Ruins como a tempestade que salta furiosa dos céus
Trazendo a chuva bem-vinda
Ruins como o sol ardendo laranja ao meio-dia
Levantando as águas novamente.

Arthur Ashe na quadra de tênis
Mohammed Ali no ringue
André Watts e Andrew Young
Homens negros fazendo suas coisas.

Vestindo-se com roxo e rosa e verde
Extravagantes como rum com Coca
Vivendo nossa vida com flash e estilo
Nós não somos coloridos?

Agora somos tão ruins assim?
E não somos Negros?
E não somos Negros?
E somos tão ruins assim?
E somos tão ruins assim?
E não somos Negros?
E não estamos bem?

A vida não me assusta

Sombras nas paredes
Barulhos pelo corredor
A vida não me assusta nem um pouco
Cachorros maus latindo alto
Nuvens que parecem fantasmas
A vida não me assusta nem um pouco.

Velha e má Mamãe Ganso
Leões à solta
Eles não me assustam nem um pouco
Dragões colocando fogo
Na minha manta
Isso não me assusta nem um pouco.

Eu faço *bu*
Para fazê-los irem embora
Eu zombo
De como eles correm
Eu não vou chorar
Então, eles voam para lá
Eu apenas sorrio
Eles vão à loucura
A vida não me assusta nem um pouco.

Caras durões brigando
A noite inteira sozinha
A vida não me assusta nem um pouco.
Panteras no parque
Estranhos na escuridão
Não, eles não me assustam nem um pouco.

Aquela nova turma na escola
Em que todos os meninos puxam meu cabelo
(Garotinhas melosas
Com cabelos cheios de cachinhos)
Eles não me assustam nem um pouco.

Não me mostre sapos e cobras
E espere meus gritos,
É só nos meus sonhos
Em que sinto medo de tudo.

Eu tenho um truque de mágica
Que eu guardo na minha manga,
Posso andar pelo fundo do oceano
E nunca ter que respirar.

A vida não me assusta
Não me assusta
Não me assusta.
A vida não me assusta.

Bump d'bump

Brinque comigo de cabra-cega
E cubra meus olhos com a ignorância
Bump d'bump bump d'bump.

Conte sobre minha vida com uma taça de licor
Ou com uma colher de pau da loja de R$ 1,99
E um viciado cambaleante às 4h20
Bump d'bump bump d'bump.

Me chame por um xingamento vindo do sul
Como beiçudo ou tagarela
Bump d'bump bump d'bump.

Vou me fingir de morto e fechar meus olhos
Para seus grandes pecados e minhas pequenas mentiras
Assim, eu dividirei o prêmio da minha nação
Bump d'bump bump d'bump.

Eu posso ser o último na fila da assistência social
Abaixo do chão onde o sol brilha
Mas me levantar está na minha mente
Bump d'bump bump d'bump.

Sobre envelhecer

Quando você me vir sentada em silêncio,
Como um saco deixado na prateleira,
Não pense que eu precise do seu falatório.
Estou escutando a mim mesma.
Espere! Pare! Não tenha pena de mim!
Espere! Contenha sua simpatia!
É bom que você entenda,
Que eu não preciso disso!

Quando meus ossos estiverem duros e doloridos,
E meus pés não subirem as escadas,
Eu só pedirei um favor:
Não me traga uma cadeira de balanço.

Quando você me vir caminhando, tropeçando,
Não analise e entenda errado.
Porque cansaço não é igual à preguiça
E nem todo adeus é uma partida.
Continuo a mesma pessoa que era antes,
Com um pouco menos de cabelo e um queixo menor,
Muito menos pulmões e muito menos fôlego.
Mas ainda tenho sorte de poder inspirar.

Retrospectiva

O último ano mudou suas estações
sutilmente, trocou seus ventos quentes
pelo vermelho das folhas morrendo, deixou
as gotas de gelo do inverno derreterem pela
terra quente e obrigou as raízes dormentes
a enfrentar a
dor da primavera.

Nós, amando, acima dos caprichos do
tempo, não percebemos.

Sozinhos. Me lembro agora.

Assim como Jó

Meu Senhor, meu Senhor,
Há muito tempo eu clamo por Ti
No calor do sol,
No frescor da lua,
Meus gritos procuraram os céus por Ti.
Meu Deus,
Quando meu cobertor não era mais do que orvalho,
Retalhos e ossos
Era tudo o que eu tinha,
Eu entoei Teu nome
Assim como Jó.

Pai, Pai,
Entrego minha vida a Ti alegremente
Rios fundos à frente
Montanhas altas acima
Minha alma quer apenas o Teu amor
Mas os medos se reúnem ao meu redor como lobos no escuro.
Você esqueceu meu nome?
Oh, Senhor, venha para a Tua criança.
Oh, Senhor, não me esqueça.

Você disse para eu me aparar no Teu braço
E estou me aparando
Você disse para confiar em Teu amor
E estou confiando
Você disse para chamar pelo Teu nome
E estou chamando
Estou caminhando sob Tua palavra.

Você disse que seria minha proteção,
Meu único e glorioso salvador,
Minha linda Rosa de Saron,

E estou caminhando sob a Tua palavra.
Alegria, alegria
Sua palavra.
Alegria, alegria
A maravilhosa palavra do Filho de Deus.

Você disse que me levaria à glória
Para me sentar à mesa de boas-vindas
Me regozijar com minha mãe no céu
E eu estou caminhando sob a Tua palavra.

Pelos becos
Pelos caminhos
Pelas ruas
E pelas rodovias
Passando pelos fofoqueiros
E pelos vagabundos da meia-noite
Passando pelos mentirosos e pelos trapaceiros e apostadores
Na Tua palavra
Na Tua palavra.
Na maravilhosa palavra do Filho de Deus.
Eu estou caminhando sob a Tua palavra.

Indicativo de chamada: Sra. V. B.

Navios?
Claro que vou navegá-los.
Me mostre o barco,
Se ele flutuar,
Eu vou navegá-lo.

Homens?
Sim, eu vou amá-los.
Se eles tiverem a manha,
De me fazer sorrir,
Eu vou amá-los.

Vida?
É claro que eu vou vivê-la.
Me permita respirar,
Até a minha morte,
E eu vou vivê-la.

Fracassos?
Eu não tenho vergonha de contar,
Eu nunca aprendi a soletrar essa palavra.
Sem Fracassos.

Obrigada, Senhor

Eu vejo Você
Pele marrom,
Um belo Afro,
Lábios grossos,
Um pequeno cavanhaque.
Como o Malcolm,
Martin,
Du Bois.[16]
Os cultos dominicais são mais doces quando Você é Negro,
Não tenho que explicar por que
Eu estava aproveitando a cidade,
Sábado à noite.

Obrigada, Senhor
Eu quero agradecê-lo, Senhor,
Pela vida e tudo o que existe nela.
Obrigada pelo dia
E pela hora e pelo minuto.
Eu sei que muitos já se foram,
E eu ainda estou vivendo,
Eu quero Te agradecer.

Fui dormir ontem à noite
E acordei com o amanhecer,
Eu sei que existem outros
Que ainda dormem,
Eles partiram,
Você me permitiu continuar.
Eu quero Te agradecer.

---

[16] N.E.: William Du Bois (1868-1963), sociólogo e ativista dos direitos civis dos negros nos Estados Unidos.

Alguns pensaram que por terem visto o amanhecer
Eles o veriam novamente.
Mas a morte subiu em suas camas
E os levou pela mão.
Pela Sua misericórdia,
Eu tenho outro dia para viver.

Me deixe dizer, humildemente,
Obrigada por este dia
Eu quero Te agradecer.

Eu já fui uma pecadora,
Vivendo sem salvação e selvagem,
Tentando a minha sorte num mundo perigoso,
Colocando minha alma em risco.
Pela Sua misericórdia,
Caindo como chuva sobre mim,
Pela Sua misericórdia,
Quando eu morrer, viverei novamente,
Me deixe dizer, humildemente,
Obrigada por este dia.
Eu quero Te agradecer.

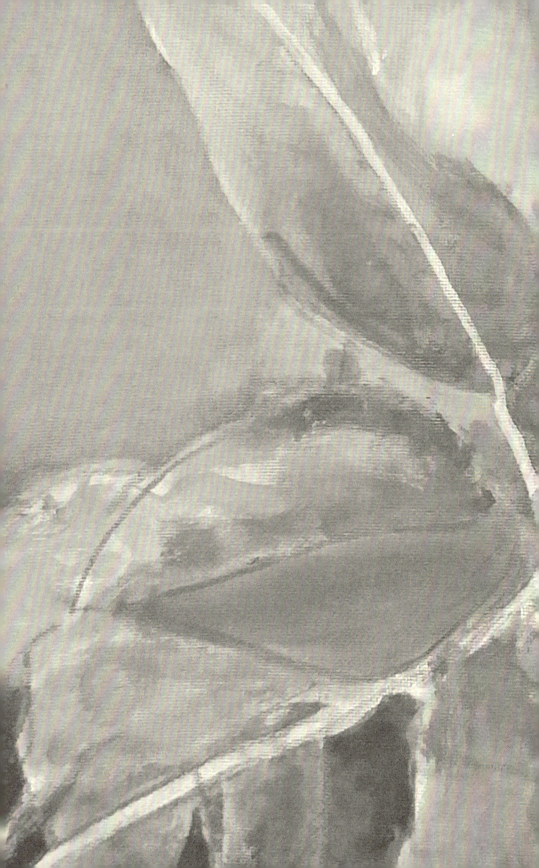

Shaker, por que você não canta?

Outro livro
para
Guy Johnson
e
Colin Ashanti
Murphy Johnson

Obrigada à
Eleanor Taylor
por seu brilho

Elizabeth Phillips
por sua arte

Ruth Beckford
por sua lealdade

Despertando em Nova York

Cortinas se forçam
contra o vento,
as crianças dormem,
trocando sonhos com
os anjos. A cidade
se força a acordar nas
vias do metrô; e
eu, alarmada, acordo como
um rumor de guerra,
me espreguiçando pelo amanhecer,
indesejada e ignorada.

Uma boa mulher se sentindo mal

A tristeza pode ser a vida que você leva
Ou a meia-noite em
Uma cama vazia. Mas as tristezas
Perseguidoras que eu conheci
Podiam caçar
Como tigres, quebrar como ossos,

Pender como uma corda
Na árvore da forca,
Me fazer amaldiçoar
Minha linhagem,

Amargura espessa
Numa língua ressentida,
Um salmo sobre amor
Nunca cantado,

Rios indo para o norte
Mas terminando no Sul,
Uma música de funeral
Cantada no caminho de casa.

Todos os enigmas são azuis,
E todos os azuis são tristes,
E eu só estou contando sobre
Algumas tristezas que eu tive.

O restaurante de comida saudável

Sem brotos de trigo e soja germinada
E sem couve no bolo,
Canudos de cenoura e espinafre cru
(Hoje, eu preciso de um bife).

Sem arroz integral duro e arroz pilaf[17]
Ou creme de cogumelo na torrada,
Purê de nabo e pastinaca misturada
(Eu estou sonhando com um assado).

O pessoal da comida saudável ao redor do mundo
É emagrecido pela aflição do cuidado,
Busca ajuda em algas marinhas
(Eu confio na vitela à milanesa).

Placas de "proibido fumar", mostarda verde crua,
Toneladas de abobrinha,
Couve crua e corpos frágeis
Certamente me fazem correr

para

Lombos de porco e coxas de frango
E um assado de costela com osso, tão nobre,
Costeletas de porco douradas e recém-cortadas
(Eu desejo isso o tempo todo).

Guisados irlandeses e carne curada cozida
E cachorros-quentes à vontade,
Ou qualquer lugar que guarde um espaço
Para carnívoros fumantes.

---

[17] N.E.: Arroz com especiarias, prato típico do Oriente Médio.

Canção para Geórgia

Nós engolimos os odores das cidades do Sul,
Toucinho cozido até a submissão,
Suave fim de tarde pungindo
O cheiro de Magnólia e o cheiro verde
De suor fresco.
Nos campos do Sul,
O som distante de
Pés correndo, ou dançando,
E as notas líquidas de
Canções tristes,
Valsas, gritos e
Quadrilhas francesas flutuam
Sobre o barro da Geórgia.

Cante para eu dormir, Savannah.

Os relógios param nos corredores de Tara[18] e as bandeiras
Empoeiradas tombam sua insuportável
Tristeza.

Lembre-se dos nossos dias, Susannah.

Oh, a argila de vermelho-sangue,
Ainda molhada por antigas
Injustiças, e Abenaa
Cantando suas melodias Crioulas para
Macon.
Nós esperamos, atordoados, pelas noites de inverno
E pela lua embranquecida,
E pelo estalo de incêndios controláveis.

---

[18] N.T.: Refere-se à fazenda fictícia do estado de Geórgia, do romance *E o vento levou...*

Chore por nossas almas, Augusta.

Nós precisamos de um sopro para atacar
Bruscamente, como a lembrança de um amor
Traído pode parar o coração.
A falta de um romance
Palpável, sem lábios oferecendo
Suculência, nem olhos
Rolando, desconectados do
Rosto de um pretinho.

Ouse novos sonhos para nós, Colombo.

Uma lua nova tranquila, uma
Noite de inverno, sangue calmo,
Lento, movendo-se apenas
Por hábito, nós precisamos
De paz.

Oh Atlanta, Oh cidade, profunda e
Uma vez perdida,

Cante por nós uma nova canção. Uma canção
Do Sul em paz.

Tempo que não se mede

O sol nasce ao meio-dia.
Seios jovens caem até a cintura enquanto
o ventre amadurece sem brilho,
tão tarde.
Os sonhos são acariciados, como se fossem
os cãezinhos estimados
incompreendidos e tão bem
amados.

Muito conhecimento
enruga o cerebelo,
mas pouco esclarece.
Avanços são
feitos em pedacinhos.
Grandes desejos se estendem
em anseios mesquinhos.
Você chegou, sorrindo,
mas tarde demais.

Diálogos em verso para papai

Eu fui um lindo bebê.
Gente branca costumava parar
Minha mãe
Apenas para me olhar.
(Todos os bebês negros
São fofos.) Mamãe me chamava
De pentelha e Papai dizia...
(Ninguém lhe dava ouvidos).

No trem da Union Pacific, um
Garçom de um vagão-restaurante, muito humilde e subserviente,
Mamãe disse a ele para
Levantar a cabeça, ele a envergonhava
Na casa-grande
(Subornado com gorjetas) na frente de suas
Amigas de clube.

As pernas dele estavam sempre
Meio flexionadas. Ele poderia ter posado como
O jockey Negro que Mãe encontrou
E colocou no gramado.
Ele ficava em silêncio quando
Comíamos com a boa porcelana da ferrovia
E colheres de prata roubadas.
Móveis lotavam nossa
Casa solitária.

Mas eu era jovem e brincava
À noite debaixo do cobertor de um
Céu de alcaçuz. Quando Papai veio para casa
(Posso ser perdoada) naquela última noite,
Eu estava correndo no
Grande quintal e

Parei suando na frente daquele velho cansado,
Ofegante como um cavalo jovem,
Impaciente com sua demora. Ele me disse
"Tudo o que eu sempre pedi, tudo o que eu sempre pedi, tudo o
que eu sempre..."
Papai, você deveria ter morrido
Muito antes de eu ser um
Bebê bonito, e de gente
Branca parar
Só para me olhar.

Recuperação
PARA DUGALD

Um último amor,
com uma conclusão adequada,
deveria cortar as asas,
impedindo novos voos.

Mas eu, agora,
roubada desse embaraço,
estou me levantando
e acelerando em direção à luz.

Criação impecável

Eu conheci uma Poeta
que se inspirava em
pássaros coloridos e palavras sussurradas,
na hesitação de um amante.

Uma folha caindo podia comovê-la.
Uma rosa murcha morrendo
podia fazê-la escrever por dias e noites
a prosa mais gratificante.

Ela encontrava um significado escondido
em cada calça que via,
então corria para casa para ficar sozinha
e escrever sobre romance.

Pássaro engaiolado

Um pássaro livre salta
nas costas do vento
e flutua com a corrente
até onde ela acaba
e mergulha suas asas
nos raios alaranjados do sol
e ousa tomar conta do céu.

Mas um pássaro que observa
tudo de sua gaiola apertada
raramente consegue ver através
de suas barras de raiva
suas asas estão cortadas e
suas patas estão amarradas
então ele abre sua garganta e canta.

O pássaro engaiolado canta
com um trinado amedrontado
sobre coisas desconhecidas
mas ainda desejadas
e sua melodia é ouvida
nas montanhas distantes
pois o pássaro engaiolado
canta por liberdade.

O pássaro livre pensa em outras brisas
e nos ventos leves que brotam através dos sussurros das árvores
e nos vermes gordos que esperam por ele sobre o gramado
e ele nomeia o céu sua propriedade.

Mas o pássaro engaiolado se encontra no túmulo dos sonhos
sua sombra berra em um grito de pesadelo

suas asas estão cortadas e seus pés estão amarrados
então, ele abre sua garganta e canta.

O pássaro engaiolado canta
com um trinado amedrontado
sobre coisas desconhecidas
mas desejadas
e sua melodia é ouvida
nas montanhas distantes
pois o pássaro engaiolado
canta por liberdade.

Avec Merci[19], mãe

Da altura de sua beleza
posando nobre,
Sustentada pelos aplausos
da multidão,

Ela elogia todos que se ajoelham e
sussurra docemente,
"Ajoelhar-se é mais adequado
com a cabeça abaixada."

Entre o monte de pessoas
que a adoram
Uma figura solitária
prende seus olhos.

As lágrimas salgadas invocam
sua doce reação,
"Ele é muito parecido com o pai
quando chora."

---

[19] N.T.: Em português: Piedade.

Chegada

Os anjos se reúnem.
A fúria de ar louco
entra como um ciclone.
As pontas das asas roçam o
cabelo, um milhão
de fios
em pé; anêmonas negras tremulando.
Hosanas esmagam os
ouvidos frágeis das conchas, e
tremem
retinindo
até o chão.
Harpas ressoam,
ondulam seus
sentidos sensuais.
Aleluia! Aleluia!
Você
do outro lado da porta.

Uma jornada atormentada

Não há barulho de aviso na porta
nem pés pesados pisando as tábuas do saguão.
Segura numa prisão escura, eu sei que
a luz desliza pelo
trabalho minucioso de uma mulher
sem dentes do Paquistão.
Gravuras felizes de
um tempo invisível são iluminadas.
Minha boca aberta
rejeita o ar denso e
os pulmões desaceleram. O invasor
avança e
se infiltra através das paredes de gesso.
Está diante da minha cela, entrando
pela fechadura, pressionando
o estofamento da porta.
Eu não posso gritar. Um osso
de medo me faz engasgar.
Está sobre mim. É o
amanhecer, com a Esperança
seu cavaleiro arrogante.
Minha mente, antes quieta
em seu cômodo invólucro, é forçada
a mirar suas visões arrebatadoras,
a deixá-las me invadir.
Eu sou forçada
para fora de mim mesma para
montar na luz e cavalgar junto com a Esperança.
Durante essas horas brilhantes
eu me agarro à expectativa, até a
escuridão chegar e me reivindicar
como sua. A Esperança desapareceu, o dia se foi
para seu lugar irreversível

e eu estou de volta aos laços
familiares da desconsolação.
A Melancolia rasteja ao meu redor
lambe lascivamente
entre os dedos dos meus pés, os meus tornozelos
e suga os fios do meu
cabelo. Perdoe meu inebriante
caso com a Esperança. Estou
novamente nos seus
braços gananciosos.

Fome

Uau! Corra!
Entre pelo buraco da fechadura.
Não repara no batente
podre, passe pela janela.
Venham, boas notícias.

Estou segurando meu avental
para te agarrar bem rechonchuda.
A maior panela brilha
com felicidade. As paredes
frouxas da minha bolsa, vulva
pulsante, te esperam com
o desejo de uma jovem noiva.
A caixa de pão se abre e
o forno prende sua fria
respiração.
Se apressem! Desçam!
Boas novas. Não esperem
o fim da minha miséria. Não se façam de
tímidas com o meu desejo.

A fome cresceu velha e
feia comigo. Nos odiamos de
tanta convivência. Venham.
Ponha para fora essa besta ácida que
enche a barriga dos meus filhos
e ri de cada aviso de despejo.
Venham!

Anúncio contemporâneo

Toque os grandes sinos,
cozinhe a vaca,
coloque sua medalha de prata.
O proprietário está batendo na porta
e eu tenho o dinheiro do aluguel no meu bolso.

Apague as luzes,
prenda a respiração,
pegue meu coração em sua mão.
Faz duas semanas que eu perdi meu emprego
e o dia de pagar o aluguel está chegando de novo.

Prelúdio para uma despedida

Ao seu lado, de bruços,
minha pele nua resiste
ao toque.
No entanto, é você
quem se afasta.
O fato velado é:
o terrível medo da perda
não é suficiente para fazer
um amor em fuga
permanecer.

Coreografia marcial

Olá, jovem marinheiro.
Você foi traído e
não sabe como dançar com a morte.
Guerreiro dândi, balançando
ao som de Rick James no seu
rádio, você não ouve os
lamúrios de uma guerra triunfante, o
estrondo não está nos
seus ouvidos, cheios de Stevie Wonder.

"Show me how to do like you.
Show me how to do it."[20]

Você ficará surpreso ao saber que
as árvores grunhem quando são arrancadas
por suas raízes para dançar fandango sobre a poeira,
e a explosão das bombas força um animado Lindy Hop[21]
de grama e corpos frágeis.

Vá galopando, dançando,
até o aeroporto, jovem marinheiro.
Seu corpo, ainda
virgem, não dançou o sapateado buck and wing.
A masculinidade é uma mensagem
recém-chegada. Seus olhos,
apressados como uma cidade aberta,
ainda não viram a vida fugir
de membros estendidos, balançando
como braços de dançarinos
e cisnes ao morrer.

---

[20] N.T.: Trecho da música *Do like you*, de Stevie Wonder. Em português: "Me mostre como fazer igual a você / Me mostre como fazer isso".
[21] N.E.: Dança típica do Harlem, bairro de Nova York.

Para um pretendente

Se você é Negro e está comigo,
aperte firme, como o peso
da noite. E eu te mostrarei
cascatas de brilhos astrais.

Se você é Negro e fiel,
abaixe com reverência,
como num ritual, e eu arquearei
uma lua crescente, naturalmente.

Insone

Há algumas noites em que
o sono se faz de tímido,
distante e desdenhoso.
E todas as artimanhas
que eu utilizo para conseguir
trazê-lo para o meu lado
são inúteis como o orgulho ferido,
e muito mais dolorosas.

Glória do fim de semana

Alguns irmãos marrentos
não conhecem os fatos,
posam presunçosos
fingem importância,
esticando os pescoços
e forçando suas costas.

Se mudam para condomínios
de alto padrão,
penhoram suas almas
nos bancos locais.
Compram carros grandes
que não podem pagar,
e rodam pela cidade
fingindo tédio.

Se eles querem aprender como viver direito,
deveriam me analisar numa noite de Sábado.

Meu trabalho na fábrica
não é a maior aposta,
mas eu pago minhas contas
e fico fora das dívidas.
Eu arrumo meu cabelo
para meu próprio bem-estar,
para não ter que pentear
para não ter que desembaraçar.

Pego o dinheiro da igreja
e atravesso a cidade
até a casa da minha amiga
onde planejamos nosso rolê.
Encontramos nossos homens e vamos para um lugar

onde toque blues
no ponto certo.

Pessoas escrevem sobre mim.
Eles simplesmente não conseguem ver
como eu trabalho a semana inteira
na fábrica.
Então, me enfeito
e rio e danço
e dou as costas à preocupação
com um olhar atrevido.

Eles me acusam de viver
um dia após o outro,
mas quem eles querem enganar?
Eles fazem o mesmo.

Minha vida não é o paraíso,
mas certamente não é o inferno.
Eu não estou no topo,
mas eu acho que tá tudo bem
se eu sou capaz de trabalhar
e sou paga em dia
e tenho a sorte de ser Negra
num Sábado à noite.

A mentira

Hoje, você ameaça me deixar.
Eu seguro, na minha boca, maldições
que poderiam inundar seu caminho, queimar
abismos sem fundo na sua estrada.

Eu mantenho, atrás dos meus lábios,
ofensas capazes de rasgar
seu septo
nasal e a pele das suas costas.

Lágrimas, abundantes como a chuva de primavera,
ficam detidas nos canais
e os gritos lotam um canto
da minha garganta.

Você está me deixando?

Em voz alta, eu digo:
Vou te ajudar a fazer as malas, mas está ficando tarde,
tenho que me apressar ou perco meu encontro.
Quando eu voltar, sei que você terá ido.
Me escreva ou telefone.

Presciência

Se eu soubesse que o coração
quebra lentamente, se desmantela
em pedaços irreconhecíveis de
miséria,

Se eu soubesse que o coração vazaria,
babando sua seiva, com uma visibilidade
vulgar, sobre as salas de jantar
enfeitadas de estranhos,

Se eu soubesse que a solidão poderia
sufocar a respiração, afrouxando
e forçando a língua contra o
o céu da boca,

Se eu soubesse que a solidão formaria
queloides, enrolando-se pelo
corpo como uma cicatriz sinistra
e bela,

Se eu soubesse, ainda teria amado
você, sua beleza impetuosa e insolente,
seu rosto exageradamente cômico
e o seu conhecimento de doces
prazeres,

Mas a distância.
Teria deixado você inteiro e completo
para o divertimento daquelas que
desejassem mais e se importassem menos.

Assuntos familiares

Você derrubou, da janela
Arqueada,
Pelas pedras cortadas à mão da sua
Catedral, mares de cabelos dourados.

Enquanto eu, puxada pelas tranças empoeiradas,
Deixava sulcos nas
Areias das praias Africanas.

Príncipes e plebeus
Subindo em ondas para alcançar
Sua alcova curvada,

Enquanto o sol, caprichosamente,
Acendia um fogo prateado das correntes
da espera onde eu estava presa.

Meus gritos nunca alcançaram
A torre fabulosa onde você
Descansa, parindo senhores para
Meus filhos, e para minhas
Filhas, um monte de
Texugos imundos, para consumir
Suas histórias.

Agora, cansada da vida no pedestal
Por medo de voar,
E da vertigem, você desce
E pisa levemente sobre
Meus séculos de horror
E pega na minha mão,

Sorrindo, me chama de
 Irmã.

Irmã, aceite
Que eu devo esperar
Um momento. Permita que uma era
De poeira preencha
Os sulcos deixados nas minhas
Praias Africanas.

Mudanças

O conforto inconstante leva para longe
O que sabe
Não diz
O que pode
Não se faz
Voa de mim
Para agradar você.

A paz caprichosa não vai unir
Os nervos rompidos
A mente lacerada
O sonho destruído
O sono sem amor
Ela brinca agora
Dentro da sua fortaleza.

A confiança, aquele papagaio,
Está planejando agora
Como escapar
Olhe depressa
Está desaparecendo rapidamente
Amanhã voltará para mim.

Breve inocência

O amanhecer oferece
inocência para uma cidade meio louca.

O intento afiado
de todos os nossos
dias, por este breve
momento, descansa suave, afocinhando
os seios da manhã,
cantarolando, ainda embriagado de sono,
sobre brincadeiras bobas com
os anjos.

A última decisão

As letras são tão pequenas, me irritam.
Coisinhas pretas vacilantes na página.
Girinos vagueando pra lá e pra cá.
Eu sei que é a minha idade.
Vou ter que desistir de ler.

A comida é tão forte, me revolta.
Eu engulo quente ou forço ela abaixo fria,
e espero o dia todo enquanto ela fica parada na garganta.
Cansada como estou, sei que envelheci.
Vou ter que desistir de comer.

Os problemas dos meus filhos estão me cansando.
Eles sentam na minha cama e mexem os lábios,
e eu não consigo ouvir nenhuma palavra.
Prefiro desistir de ouvir.

A vida é tão agitada, me desgasta.
Perguntas e respostas e pensamentos pesados.
Eu subtraí e somei e multipliquei,
e todos os meus cálculos resultaram em nada.
Hoje eu vou desistir de viver.

Caravana de escravos

Um Pouco além do meu alcance,
uma coceirinha de distância dos meus dedos,
estava o leito do rio
e o caminho certo para casa.

Agora, Debaixo da minha caminhada,
sem parar até a China,
toda a terra é horror
e a noite escura, longa.

Então, Antes do amanhecer,
brilhante como o sorriso de demônios,
chegou a descoberta temerosa
de que minha vida se foi.

Shaker[22], por que você não canta?

Expulsa do palácio mudo do sono,
espero em silêncio
pelo coro nupcial;
suas pernas esfregando em ritmo
insistente contra as minhas coxas,
sua respiração sussurrando
um cântico no meu cabelo.
Mas esses momentos solenes,
indizíveis, passam com a
procissão desacompanhada.
Você, que com uma canção murmurada
mantinha minha vida viva, me retirou
sua música e apoiou-se inaudivelmente
na ladeira quieta da memória.

Shaker, por que você não canta?

Na noite barulhenta com
gritos da rua e o triunfo
de insetos amorosos, eu me foco além
dessas cacofonias,
no hino das suas mãos e do seu peito largo,
na melodia perfeita que são
seus lábios. Mas a escuridão não traz
nenhuma promessa sincopada. Eu descanso em algum lugar
entre as notas anônimas da noite.

Shaker, por que você não canta?

---

22   N.T.: Verso da canção *The ballad of John Henry*, sobre um trabalhador negro. A função de John Henry era a de martelar a broca, e nisso era acompanhado por outro trabalhador, chamado de Shaker. Na canção, John Henry pergunta: — Shaker, why don't you sing?

Minha vida virou tristeza

Nosso verão se foi,
os dias dourados acabaram.
O amanhecer rosado com que eu costumava
te acordar
virou cinza,
minha vida virou tristeza.

O gramado que era verde
agora reluz com o orvalho.
O tordo migrou,
para o Sul ele voou.
Deixada sozinha aqui,
minha vida virou tristeza.

Eu ouvi as notícias,
esse inverno também passará,
essa primavera é um sinal
de que o verão se anuncia por fim.
Mas até que eu te veja
deitado na grama verde,
minha vida será tristeza.

Eu não serei levada

Vivian Baxter
Mildred Garris Tuttle

Canção do trabalhador

Grandes navios estremecem
navegando no mar
    por minha causa
Ferrovias correm
sobre trilhos paralelos
    por causa das minhas costas
    Whoppa, Whoppa
    Whoppa, Whoppa

Carros se estendem até
uma superdistância
    por causa da minha força
Aviões voam alto
sobre mares e terras
    por causa das minhas mãos
    Whoppa, Whoppa
    Whoppa, Whoppa

Eu acordo
começa o cantarolar da fábrica
Eu trabalho até tarde
mantenho o mundo inteiro girando
e eu sei de uma coisa... uma coisa
chegando... chegando...
    Whoppa
    Whoppa
    Whoppa

Humanidade

Eu percebo as diferenças óbvias
na família humana.
Algum de nós são sérios,
outros vivem de comédia.

Alguns dizem que vivem
na profundidade,
e outros cantam que vivem
na realidade.

A variedade de tons de pele
pode confundir, desconcentrar, alegrar,
marrom e rosa e bege e roxo,
bronzeado e azul e branco.

Eu atravessei os sete mares
e parei em todas as terras,
Eu vi as maravilhas do mundo,
mas nunca um homem comum.

Conheço dez mil mulheres
chamadas Joana e Maria Joana,
mas nunca vi duas
que fossem a mesma pessoa.

Gêmeos idênticos são diferentes
mesmo que suas feições sejam as mesmas,
e amantes tem pensamentos completamente diferentes
enquanto estão deitados lado a lado.

Nós amamos e perdemos na China,
choramos nos pântanos da Inglaterra,

e rimos e gememos na Guiné,
e prosperamos nas praias espanholas.

Buscamos por sucesso na Finlândia,
nascemos e morremos no Maine.
Nos aspectos menores somos diferentes,
nos maiores, somos iguais.

Eu percebo as diferenças óbvias
entre cada tipo e modelo,
mas nós somos mais semelhantes, meus amigos,
do que diferentes.

Nós somos mais semelhantes, meus amigos,
do que diferentes.

Nós somos mais semelhantes, meus amigos,
do que diferentes.

Intolerante

O homem intolerante
é a pior coisa que Deus criou,
exceto por seu par, sua mulher,
que realmente é a Sra. Intolerância.

Os velhos riem

Eles gastaram toda sua
cota de sorrisos forçados,
segurando seus lábios desse
e daquele jeito, embrulhando
as linhas entre
as sobrancelhas. Velhos
permitem que suas barrigas balancem como lentos
tamborins.
Os gritões
se levantam e se derramam
sobre o que quiserem.
Quando os velhos riem, libertam o mundo.
Eles se viram devagar, sabendo secretamente
o melhor e o pior
de se lembrar.
A saliva brilha nos
cantos de suas bocas,
suas cabeças sacodem
nos pescoços quebradiços, mas
seus colos
estão cheios de memórias.
Quando os velhos riem, consideram a promessa
da querida morte sem dor, e generosamente
perdoam a vida por ter acontecido
para eles.

É amor

Parteiras e lençóis enrolados
sabem que parir é difícil
que morrer é cruel
e que viver é uma provação ali no meio.

Por que nós fazemos essa jornada, murmurando
como rumores entre as estrelas?
Há alguma dimensão perdida?
Seria o amor?

Perdoe

Me leve, Virgínia,
me amarre perto
das memórias de Jamestown
de corridas em camptown e
de navios grávidos
de certa mercadoria
e Richmond voando alto sobre a ganância
e baixo nas marés tediosas
da culpa.

Mas me aceite, Virgínia,
solte seu turbante de flores
para que pétalas de pêssego e
flores de corniso possam
formar dragonas[23] de
ternura branca nos meus ombros
e em volta da minha
cabeça, cachos
de perdão, comoventes
como olhos que se reviram, tristes como
guarda-sóis de verão no furacão.

---

[23] N.E.: Peça metálica utilizada como distintivo no ombro do uniforme de militares.

Insignificâncias

Uma série de pequenas, por
si só insignificantes,
ocorrências. O sal perdeu metade
do seu sabor. Duas abelhas
listradas de amarelo
se perderam no meu cabelo.
Quando eu as libertei, elas zumbiram
tarde afora.

Na clínica, a cara da
enfermeira era metade pena e metade orgulho.
Eu não fiquei feliz com as notícias.
Então, pensei ter ouvido você
me chamar, e eu, correndo
como a água, me dirigi para
a ferrovia. Eram só
o Baltimore e o Atchison,
Topeka, e o Santa Fé[24].
Pequenas insignificâncias.

---

[24] N.E.: Nomes de locomotivas estadunidenses.

Carta de amor

Os ventos escutam
por acaso minhas privacidades
ditas em voz alta (na sua
ausência, mas por sua causa).

Quando você, bigodudo,
lótus marrom como noz-moscada
senta ao lado do shoji em Oberlin.

Meus pensamentos são específicos:
seus lábios leves e suas mãos
famintas escrevendo urgências de Tai Chi
no meu corpo. Eu salto, flutuo,
corro

para o nascer das fontes frescas do
seu abraço. E então nós trocamos graças.
Essa garota, nem pluma nem
leque, lançada à deriva.

Oh, mas então eu tinha o poder.
Poder.

Igualdade

Você afirma que me vê vagamente
através de um vidro que não brilha,
mesmo que eu esteja nítida diante de você,
em ordem e marcando o tempo.

Você admite que me ouve baixinho
como um sussurro fora de alcance,
enquanto meus tambores carregam a mensagem
e o ritmo nunca muda.

Igualdade, e serei livre.
Igualdade, e serei livre.

Você anuncia que meu jeito é promíscuo,
que eu voo de homem a homem,
mas se eu sou apenas uma sombra para você,
como você poderia entender?

Nós vivemos uma história dolorosa,
conhecemos o passado vergonhoso,
mas eu sigo marchando em frente,
e você continua chegando por último.

Igualdade, e serei livre.
Igualdade, e serei livre.

Tire o tapa-olhos da sua visão,
tire o tampão dos seus ouvidos,
e confesse que você me ouviu chorando,
e admita que você viu minhas lágrimas.

Ouça o tempo tão envolvente,
ouça o sangue bater nas minhas veias.

Sim, minha bateria pulsa toda noite,
e o ritmo nunca muda.

Igualdade, e eu serei livre.
Igualdade, e eu serei livre.

Coleridge Jackson

Coleridge Jackson não tinha nada
a temer. Ele pesava trinta quilos
a mais que seus filhos e quarenta e cinco quilos
a mais que sua esposa.

Seus vizinhos sabiam que ele não
tomava chá para curar a febre.
Os senhores da sala de jogos
caminhavam gentis diante da sua presença.

Todo mundo costumava
se perguntar por que,
quando seu chefe insignificante, um
saquinho branco de ossos e
olhos estrábicos, quando ele fez cara feia
para Coleridge, zombou
de como Coleridge levou
uma tonelada de enlatados da
parede leste do armazém
para a parede oeste,
quando aquele pedacinho de
carne de homem chamou Coleridge
de preto deplorável,
Coleridge manteve seus lábios fechados,
selados, cravados, apertados.
Não levantaria os olhos,
deixaria a cabeça inclinada,
olhando bem distante
dali.

Todos na vizinhança se perguntaram
por que Coleridge voltaria para casa,
tiraria sua jaqueta, tiraria

seus sapatos e daria
uma surra na sua pequena
família frágil.

Todos, até Coleridge, se perguntaram
(no dia seguinte, ou mesmo mais tarde naquela
mesma noite).
Todos. Mas o magricela,
o saquinho de ossos do chefe, com seus
pequenos olhos invejosos,
ele sabia. Ele sempre
soube. E,
quando as pessoas contaram a ele sobre
a família de Coleridge, sobre os
olhos roxos e os rostos
machucados, os ossos quebrados,
Senhor, como aquele homem esquelético
sorriu.

E no dia seguinte,
por algumas horas, ele tratou
Coleridge bem. Como se Coleridge
tivesse feito a ele um grande
favor. Então, logo
depois do almoço, ele cismou
com Coleridge novamente.

"Aqui, Neguinho, venha aqui.
Você não consegue se mover mais rápido
do que isso? Quem na terra
precisa de um preto preguiçoso?"
E Coleridge apenas
ficaria lá. Seus olhos mirando
longe, à espera de alguma coisa a mais.

Por que eles estão felizes?

Arreganhe seus dentes, maldito seja,
agite seus ouvidos,
sorria enquanto os anos
correm
do seu rosto.

Levante as bochechas, garoto negro,
enrugue seu nariz,
sorria enquanto os seus dedos
cavam
o seu túmulo.

Revire esses olhos grandes, garota negra,
emborrache seus joelhos,
sorria quando as árvores
se curvarem
com seus parentes.

De filho para mãe

Eu não começo
guerra nenhuma, fazendo chover veneno
sobre as catedrais,
derretendo estrelas de Davi
para fazer torneiras douradas
clareadas por luminárias
revestidas de pele humana.

Eu não tenho interesse
em terras estrangeiras,
não envio
missionários para além das minhas
fronteiras,
para saquear segredos
e escambar almas.

Eles
dizem que você tomou minha masculinidade,
Mamãe.
Sente no meu colo
e me diga,
o que você quer que eu lhes
diga, antes
que eu aniquile
a ignorância deles?

Conhecido por Eva e eu

Seu bronzeado dourado,
envolvido por uma carapaça puída,
acenou para minha simpatia.
Eu o ergui, ombros acima
da praça lotada, levantando
seu corpo frio e escorregadio em direção ao altar da
luz do sol. Ele era inocente, e deslizou para o meu abraço.
Nós compartilhamos pãezinhos de grãos e café da manhã no
topo da montanha.
O calor do amor e o disco solar de Aton
acariciando
sua pele, e as antes opacas escamas
se tornaram gengibre açucarado, gotas
de berilo cor de âmbar sobre a língua.

Seus olhos sem pálpebras deslizavam de lado,
e ele subiu ao meu desejo
mais profundo, trazendo
presentes de ritmos rápidos, e
continuamente rodeava
meu peito,
me mantendo imóvel em firme
segurança.
Então, brilhando como
diamantes espalhados
na barriga de uma garota negra,
ele me deixou. E nada
resta. Abaixo do meu seio
esquerdo, duas perfurações perfeitas e idênticas,
por onde eu busco
o ar que eu respiro e
o som deslizante da minha própria pele
movendo-se no escuro.

Estes Estados ainda não Unidos

Tremores da sua rede
fazem reis desaparecerem.
Sua boca aberta com raiva
faz nações se curvarem de medo.
Suas bombas podem mudar as estações,
apagar a primavera.
O que mais você deseja?
Por que está sofrendo?

Você controla as vidas humanas
em Roma e em Tombuctu.
Nômades solitários em viagem
devem o Telstar[25] a você.
Os mares mudam ao seu comando,
seus cogumelos preenchem o céu.
Por que você está infeliz?
Por que seus filhos choram?

Eles se ajoelham sozinhos aterrorizados
com medo a cada mirada.
As noites são diariamente ameaçadas
por uma herança sombria.
Você mora em castelos embranquecidos
com fossos profundos e envenenados
e não consegue ouvir as maldições
que enchem as gargantas de seus filhos.

---

[25] N.T.: Primeiro satélite que possibilitou a transmissão de televisão, ao vivo, entre Estados Unidos e Inglaterra.

Meu trabalho e eu

Eu consegui um bico à beira-mar.
Três dias não são tão pesados.
Paga o feijão, uma couve
e deixa o aluguel em dia.
        Claro que minha esposa também trabalha.

Tenho três filhos grandes para manter na escola,
precisam de roupas e sapatos nos pés,
dê para eles o suficiente do que desejam
e mantenha-os fora das ruas.
        Eles sempre foram bons.

Minha história não é novidade e não é de todo triste.
Tem muita gente numa pior.
A única coisa que eu realmente não preciso
é da simpatia de estranhos.
Essa é outra palavra que as pessoas usam para
        cuidado.

Mudando

Me ocorre agora que
eu nunca mais te vi
sorrindo. Amigos
elogiam seu
humor rico, suas frases
rápidas e
surpreendentes. Para mim, sua perspicácia é
mortalmente afiada.
Mas eu nunca mais te peguei
simplesmente sorrindo, não mais.

Nascida assim

Na medida do possível, ela se esforçava
para todos eles. Arqueando sua pequena
estrutura e grunhindo
lindamente, seus
dedos contavam as rosas
do papel de parede.

A prostituição infantil a moldou
para o engano. Papai foi um
acariciador. Leves beijos na boca,
leves esfregões no colo.
Um sorriso por sapatos bonitos,
um beijo poderia render um vestido.
E um telefone particular
valia a maior das velhas carícias.

Os vizinhos e os amigos da família
sussurravam que ela foi vista
subindo e descendo as ruas
quando tinha dezessete anos.
Ninguém perguntou seus motivos.
Nem ela saberia dizer.
Ela apenas presumiu
que havia nascido assim.

Na medida do possível, ela se esforçava
para todos eles. Arqueando sua pequena
estrutura e grunhindo
lindamente, seus
dedos contavam as rosas
do papel de parede.

Na televisão

Novidades televisionadas transformam
um dia meio gasto
no desperdício de desolação.
Se nada extraordinário precedeu
os anúncios catastróficos,
certamente nada procederá, exceto
os olhos tristes nos rostos de
crianças ossudas,
barrigas inchadas
zombando da fome que sentem.
Por que elas são sempre
Negras?
Por quem esperam?
A carne da costela de carneiro
fede e não pode ser
comida. Até as
ervilhas rolam no meu prato
sem ser incomodadas. Sua inocência
combinada com a esperança
desamparada nos rostos das crianças.
Por que crianças Negras
têm esperança? Quem trará
ervilhas e costelas de cordeiro
e mais uma manhã para elas?

Nada de mais

Mas é claro que você sempre
foi nada. Coisa nenhuma.
Um foguete incandescente, patrioticamente
estourando nas minhas
veias. Banhos de estrelas — cascatas de estrelas
por trás das pálpebras fechadas. Uma
marca ardente na minha
testa. Nada importante.
Uma palavra de quatro letras estampada
na parte interna da minha
coxa.
Pisando forte sobre os vales pegajosos
do meu cérebro. Disseminando uma
suspensão de novas lealdades.

Minha vida, assim eu digo,
    nada de mais.

Glória caída

A glória cai ao nosso redor
enquanto soluçamos
um canto de
desolação diante da Cruz
e o ódio é o lastro da
pedra
    que repousa sobre nossos pescoços
    sob nossos pés.
Nós tecemos
    roupas de seda
    e vestimos nossa nudez
    com tapeçaria.
De rastejar no
    chão deste planeta escuro
    voamos mais que
    os pássaros e
    através das nuvens
    e desviamos do ódio
    e do desespero cego e
    trazemos honra
    para nossos irmãos e júbilo para nossas irmãs.
Nós crescemos apesar do
    horror com o qual alimentamos
    nosso próprio
    amanhã.

Crescemos.

Londres

Se eu me lembro corretamente,
Londres é um lugar muito estranho.
Incrivelmente estranho.
Um milhão de quilômetros da
selva, e os leões Britânicos
rugem na pedra da
Trafalgar Square.
Incrivelmente estranho.
Pelo menos uma condição
de distância de Calcutá,
mas os velhos em Islington vestindo
suéteres largos demais sonham
com os dias de sol
do Raj Britânico.
Terrivelmente estranho.
Séculos de ódio separam o canal
de St. George e os Gaélicos,
mas garotos Ingleses bochechudos bebem
chá doce e crescem para lutar
por sua Rainha.
Incrivelmente estranha.

Salvador

Padres petulantes, centuriões
gananciosos, e um milhão
de gestos indignados estão
entre seu amor e eu.

Seu sacrifício de amor
foi reduzido a vidros coloridos,
penitência insípida e ao
tédio do ritual.

Suas pegadas ainda
marcam a crista de
mares agitados, mas
sua alegria
desapareceu sobre as tábuas
dos profetas ordenados.

Nos visite de novo, Salvador.

Seus filhos, sobrecarregados pela
descrença, cegos por uma camada
de sabedoria,
percorrem este vale de
medo. Choramos por você,
embora tenhamos esquecido
seu nome.

Muitos e mais

São muitos e mais
que beijariam minhas mãos,
provariam dos meus lábios,
emprestariam à minha solidão
o calor de seus corpos.

Eu quero um amigo.

São poucos, bem poucos,
os que me dariam seus nomes
e suas fortunas
ou que enviariam seus primogênitos
para a minha cama na doença.

Eu preciso de um amigo.

É um e apenas um
que daria o ar
de seus pulmões defeituosos
para meu corpo sarar.

E só esse é meu amor.

Casa nova

Que palavras
se esmagaram contra
essas paredes,
se espatifaram de cima a baixo nestes
salões,
deitaram mudas então escorreram os
seus significados por e para dentro
destes chãos?

Que sentimentos, há muito tempo
mortos,
transmitiam vagos anseios
abaixo da luz
deste teto?
Em alguma dimensão,
que eu não conheço,
as sombras de
outros ainda existem. Eu trago minhas
lembranças, mantidas sob controle por muito tempo,
e deixo que elas assumam aqui
um espaço e um lugar para ficarem.

E quando eu for embora para
encontrar outra casa,
me pergunto o que
dentre essas sombras
restará de mim.

Nossas avós

Ela se deita, pele sobre a terra úmida,
o canavial farfalhando
com os sussurros das folhas, e
a gana barulhenta dos cães de caça e
a busca dos caçadores estalando os galhos ao redor.

Ela murmurou, levantando sua cabeça em direção à liberdade,
eu não serei, eu não serei levada.

Ela juntou seus filhos,
as lágrimas escorrendo como óleo nos seus rostos negros,
seus olhos jovens explorando manhãs de loucura.
Mamãe, o Senhor vai vender você
de nós amanhã?

Sim.
A menos que vocês caminhem mais
e falem menos.
Sim.
A menos que o guardião de nossas vidas
me liberte de todos os mandamentos.
Sim.
E suas vidas,
nunca minhas,
serão executadas no chão da matança de inocentes.
A menos que vocês sigam meu coração e minhas palavras,
dizendo comigo,

eu não serei levada.

Nos campos de tabaco da Virgínia,
inclinando-se na curva
de pianos

Steinway, pelas estradas do Arkansas,
nas colinas vermelhas da Geórgia,
nas palmas de suas mãos acorrentadas, ela
chorou contra a calamidade.
Você tentou me destruir
e embora eu pereça diariamente,

eu não serei levada.

Seu universo, muitas vezes
resumido a um corpo negro
caindo finalmente da árvore aos seus pés,
a fez chorar com uma nova voz a cada vez.
Todo o meu passado corre para a derrota,
e estranhos reivindicam a glória do meu amor,
A iniquidade me prendeu à sua cama,

ainda assim, eu não serei levada.

Ela ouviu os nomes,
faixas rodopiando no vento da história:
preta, preta cadela, mucama,
ama de leite, propriedade, criatura, macaco, babuíno,
prostituta, rabo quente, coisa, isso.
Ela disse: Mas minha descrição não
fica bem na sua língua, porque
Eu tenho um jeito peculiar de estar neste mundo,

e eu não serei, eu não serei levada.

Nenhum anjo estendeu as asas protetoras
sobre as cabeças de seus filhos,
agitando e estimulando os ventos da razão
para dentro da confusão de suas vidas.
Eles brotaram como novas ervas-daninhas,

e ela não conseguiu defender seu crescimento
das lâminas opressivas da ignorância, nem
moldá-los como plantas ornamentais.
Ela os mandou embora,
por túneis, pela terra, em ônibus e
sem sapatos.
Quando você aprender, ensine.
Quando você tiver, dê.
Quanto a mim,

eu não serei levada.

Ela ficou no meio do oceano, buscando por terra seca.
Ela procurou o rosto de Deus.
Confiante,
colocou sua chama cerimonial
no altar e, embora
vestida com o refinamento da fé,
quando ela apareceu na porta do templo,
não havia nenhum sinal de boas-vindas
À Avó Negra. Entre aqui.

Ao som do estrondo,
dentro do pecado, ela chorou,
Ninguém, não, nem um milhão
ousariam me negar Deus. Eu sigo
sozinha adiante, e sou como dez mil.

O Divino à minha direita
me impele sempre a puxar
o trinco do portão da Liberdade.
O Espírito Santo à minha esquerda guia
meus pés para o acampamento dos
justos e pelas tendas dos livres sem parar.
Essas mães contorceram seus rostos, amarelo-limão,

roxo-cor-de-ameixa,
marrom-mel, e desceram tortuosamente
por uma pirâmide de anos.
Ela é Sabá e Sojourner,
    Harriet e Zora,
    Mary Bethune e Angela,
    de Annie a Zenobia.

Diante da clínica de aborto
ela fica
confusa com a falta de escolhas.
Na fila da Assistência Social,
reduzida à lástima das esmolas.
Ordenada no púlpito, blindada
pelos mistérios.
Na sala de cirurgia,
conservando a vida.
No coral,
segurando Deus na garganta.
Nas esquinas solitárias das ruas,
vendendo seu corpo.
Na sala de aula, amando as
crianças para que aprendam.

No centro do palco do mundo,
ela canta para seus amores e amados,
para seus inimigos e detratores:
Como quer que seja vista e enganada,
apesar da minha ignorância e vaidade,
deixem de lado os seus receios de que eu serei arruinada,

eu não serei levada.

Pastor, não me envie

Pastor, não me envie
quando eu morrer
para algum grande gueto
no céu
onde ratos comam gatos
do tipo leopardo
e o almoço de Domingo
sejam grãos e tripas.

Conheço esses ratos
já os vi matar
e com os grãos que eu comi
faria uma colina,
ou talvez uma montanha,
então o que eu preciso
de você no Domingo
é uma crença diferente.

Pastor, por favor, não
me prometa
ruas de ouro
e leite de graça.
Eu parei com todo o leite
aos quatro anos
e, quando estiver morta,
não precisarei de ouro.

Eu chamarei de paraíso puro
um lugar

onde as famílias forem leais
e os estranhos forem legais,
onde a música for jazz

e a estação for o outono.
Me prometa isso
ou não me prometa nada.

Lutar era natural

Lutar era natural,
a dor era real,
e o couro como chumbo
no fim do meu braço
era um ingresso para um passeio
no topo da colina.
       A luta era real.

A ardência da pomada
e o grito da multidão
por sangue no ringue,
e o toque do sino tinindo e
atravessando a
nuvem nos meus ouvidos,
       O boxe era real.

A corda nas minhas costas
e a almofada no chão,
a batida de quatro martelos,
novos ossos na minha mandíbula,
a proteção na minha boca,
minha língua começando a inchar.
A luta era vida.
O boxe era real.
A luta era real.
       Viver era... um inferno.

Perda do amor

A perda de amor e da juventude
e do fogo veio de assalto,
a galope,
uma horda de saqueadores
num corcel ornamentado,
sugando as prímulas,
atropelando os brotos verdes
dos meus anos cuidadosamente plantados.

A evidência: a cintura engrossada e
as coxas endurecidas, que triunfam
sobre minha despreocupação decaída.

Depois dos cinquenta e cinco
a arena mudou.
Eu tenho que recrutar novos guerreiros.
Minha imunidade,
antes natural como levantar a voz,
insiste no escuro.
Esta batalha vale a pena?
Esta guerra vale a aposta?

Não posso acolher a idade
sem resmungar, permitindo
que os verdadeiramente jovens ocupem
o palco?

Sete mulheres abençoadas com a segurança

1

Uma coisa sobre mim,
sou pequena e vulgar,
me arranje um homem
aonde quer que eu vá.

2

Me chamam de feijão-de-corda
porque eu sou muito alta.
Homens me veem,
e já estão prontos pra se apaixonar.

3

Sou jovem como a manhã
e fresca como o orvalho.
Todo mundo me ama
e você também.

4

Sou gorda como manteiga
e doce como um bolo.
Homens começam a tremer
cada vez que eu me mexo.

5

Sou pequena e magra,
amável até o osso.
Eles gostam de me levantar
e carregar para casa.

6

Quando eu passei dos quarenta
eu deixei o fingimento de lado,
porque homens gostam de mulheres
que têm alguma noção.

7

Cinquenta e cinco é perfeito,
assim como os cinquenta e nove,
porque todo homem precisa
descansar algum dia.

No meu Missouri

No meu Missouri
conheci um homem mau
Um homem difícil
Um homem frio
Que tirou minhas vísceras e me matou
Era um homem gelado
Um homem duro
Um homem.

Então, eu pensei que nunca conheceria um homem doce
Um homem gentil
Um homem verdadeiro
Um homem com quem me sentir segura na escuridão
Um homem certo.
Um homem.

Mas em Jackson, Mississippi, existem alguns bons homens
Alguns homens fortes
Alguns homens negros
Caminhando como um exército de homens doces
Homens retintos
Homens.

Em Oberlin, Ohio, existem homens legais
Homens justos
Homens leais
Estendendo a mão e se curando estavam os homens carinhosos
Eram homens bons
Os homens.

Agora eu sei que existem homens bons e maus
Alguns homens verdadeiros
Alguns homens brutos

Mulheres, continuem procurando por seus homens
O melhor homem
O homem para você
O homem.

Eles perguntaram por quê?

Uma certa pessoa queria saber por que
uma garota grande e forte como eu
não ficava num emprego
que pagasse um salário normal.
Gastei meu tempo para guiá-la
e para ler a ela cada página.
Mesmo as pessoas mínimas
não sobrevivem com um salário mínimo.

Uma certa pessoa queria saber por que
eu espero a semana inteira por você.
Não tive palavras
para descrever o que você faz.
Disse que você tem o movimento
do oceano nos seus passos,
e quando acerta minhas charadas
não há mesmo o que dizer.

Quando as grandes árvores caem

Quando as grandes árvores caem,
as pedras das grandes colinas estremecem,
leões se abrigam
em relvas altas,
e mesmo os elefantes
se escondem à procura de segurança.

Quando as grandes árvores caem
nas florestas,
as coisas pequenas se recolhem em silêncio,
seus instintos
erodidos pelo medo.

Quando grandes almas morrem,
o ar ao nosso redor fica
leve, escasso, estéril.
Nós respiramos, rapidamente
Nossos olhos, rapidamente,
veem com
uma clareza dolorosa.
Nossa memória, de repente, se aguça
examina,
remói palavras gentis
não ditas,
passeios prometidos
e nunca dados.

Grandes almas morrem e
nossa realidade, vinculada a
elas, se despede de nós.
Nossas almas,
dependentes da sua
nutrição,

agora encolhem, enrugam.
Nossas mentes, formadas
e informadas por sua
alegria,
vão minguando.
Não estamos tão enlouquecidos
quanto reduzidos à ignorância indizível
das cavernas escuras
frias.

E quando as grandes almas morrem,
depois de um tempo a paz floresce,
devagar e sempre
irregular. Espaços se enchem
com um tipo de
vibração elétrica reconfortante.
Nossos sentidos, restaurados, nunca
mais os mesmos, sussurram para nós.
Elas existiram. Elas existiram.
Nós podemos ser. Ser e ser
melhores. Porque elas existiram.

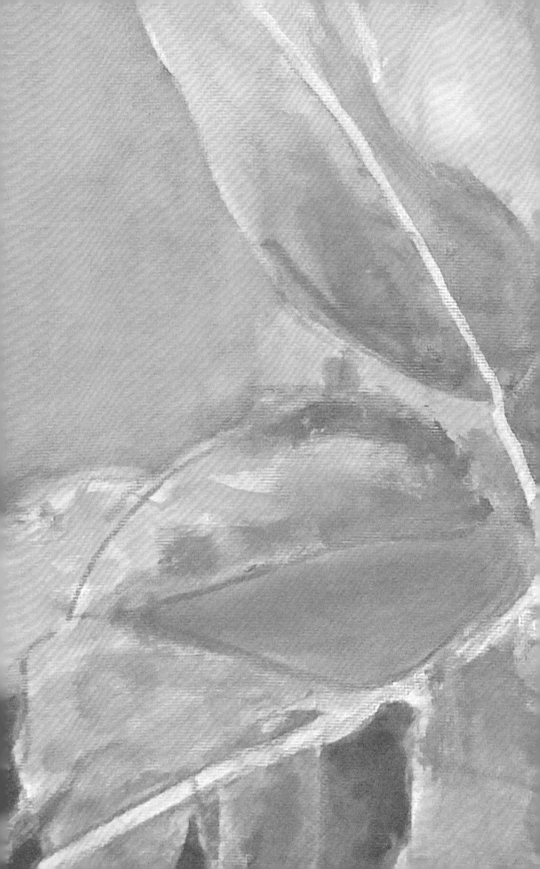

No ritmo da manhã

Uma Rocha. Um Rio. Uma Árvore
Anfitriões para espécies que partiram há muito tempo,
Marcaram o mastodonte,
O dinossauro, que deixaram provas secas
De sua estada aqui
No chão de nosso planeta,
Qualquer grande alarme de sua acelerada ruína
Está perdido na escuridão de poeiras e eras.

Mas hoje, a Rocha clama por nós, visivelmente, com força,
Venham, vocês podem ficar sobre minhas
Costas e encarar seu destino distante,
Mas não procurem por refúgio na minha sombra,
Eu não lhes darei esconderijo por aqui.

Vocês, criados só um pouco menores que
Os anjos, se abaixaram por muito tempo na
Escuridão brutal
Ficaram por muito tempo
Com as caras na ignorância,
Suas bocas derramando palavras
Armadas para o abate.

A Rocha clama por nós hoje,
Vocês podem ficar sobre mim,
Mas não escondam seus rostos.

Do outro lado do muro do mundo,
Um Rio canta uma canção bonita. Ele diz,
Venham, descansem aqui do meu lado.

Cada um de vocês, um país demarcado,
Delicado e estranhamente orgulhoso,
Se lançando, contudo, perpetuamente contra o cerco.
Suas lutas armadas por lucro

Deixaram colares de lixo na
Minha encosta, correntes de destroços no meu peito.
Mesmo assim hoje eu chamo vocês para a minha beira,
Se vocês não planejarem mais guerras.

Venham, vestidos com a paz,
E eu cantarei as canções
Que o Criador me ofertou quando eu e a
Árvore e a Rocha éramos um.
Antes do cinismo ser uma mancha de sangue na sua testa
E quando você ainda sabia que não sabia nada.
O Rio cantou e canta.

Existe um desejo verdadeiro de responder
Ao canto do Rio e à sabedoria da Rocha.
Diz o Asiático, o Hispânico, o Judeu,
O Africano, o Indígena, o Siú,
O Católico, o Muçulmano, o Francês, o Grego,
O Irlandês, o Rabino, o Padre, o Xeique,
O Gay, o Hétero, o Pregador,
O privilegiado, o sem-teto, o Professor.
Eles escutam. Todos eles escutam
O que a Árvore diz.

Eles ouviram a primeira e a última de todas as Árvores
Falar para a humanidade hoje.
Venha a mim,
Aqui, ao lado do Rio.
Plantem-se ao lado do Rio.

Cada um de vocês, descendente de algum
Viajante de passagem, foi pago.
Vocês, que me deram meu nome, vocês
Paneassa, Apache, Seneca, vocês,

Nação Cherokee[26], que descansaram comigo, e então
Coagidos, com os pés ensanguentados,
Me deixaram para o uso de
Outros exploradores — desesperados por ganhos,
Famintos por ouro.

Vocês, o Turco, o Árabe, o Sueco,
O Alemão, o Esquimó, o Escocês,
O Italiano, o Húngaro, o Polonês,
Você, o Axante, o Iorubá, o Kru[27], comprados,
Vendidos, roubados, chegaram em um pesadelo
Implorando por um sonho.

Aqui, enraízem-se ao meu lado.
Eu sou aquela Árvore plantada ao lado do Rio,
Que não será arrancada.
Eu, a Rocha, Eu, o Rio, Eu, a Árvore,
Eu sou sua — suas passagens foram pagas.
Levantem seus rostos, vocês precisam intensamente
Dessa manhã brilhante que nasce para vocês.
A história, apesar de ser dolorosa,
Não pode ser apagada, mas, se for encarada
Com coragem, não precisará ser vivida novamente.

Levantem seus olhos
Para esse dia que nasce para vocês.
Concebam novamente
O sonho.

Mulheres, crianças, homens,
Levem-no nas palmas de suas mãos,
Moldem-no com a forma de seu mais
Íntimo desejo. Esculpam-no

---

[26] N.E.: Paneassa, Apache, Seneca e Cherokee são nomes de povos indígenas
estadunidenses.
[27] N.E.: Axante, Iorubá e Kru são nomes de povos originários da África.

À imagem de seu eu mais público.
Levantem seus corações.
Cada hora nova carrega novas chances
De um novo começo.
Não fiquem para sempre amarrados
Ao medo, oprimidos eternamente
Pela brutalidade.

O horizonte inclina-se à frente,
Oferecendo espaço
Para novos passos de mudança.
Aqui, no ritmo desse dia belo,
Vocês podem ter coragem
Para olhar para cima e fora e para mim,
A Rocha, o Rio, a Árvore, seu país.
Não menos a Midas do que ao pedinte.
Não menos a você agora do que ao mastodonte.

Aqui, no ritmo desse dia novo,
Vocês podem ter a alegria de olhar para cima e para fora
E dentro dos olhos da sua irmã,
E para o rosto de seu irmão,
Seu país,
E dizer simplesmente
Bem simplesmente
Com esperança —
Bom dia.

Celebrações

Uma verdade corajosa e surpreendente

DEDICADO À ESPERA PELA PAZ QUE DESCANSA,
ÀS VEZES, ESCONDIDA, EM TODO CORAÇÃO.

Nós, esse povo, num planeta pequeno e solitário
Viajando casualmente pelo espaço
Passando por estrelas desinteressadas, pelo caminho de sóis
indiferentes
Para um destino onde todos os sinais nos dizem que
É possível e imperativo aprender
Uma verdade corajosa e surpreendente.

E quando chegarmos a isso
Ao dia de pacificação
Quando soltarmos nossos dedos
Dos punhos da hostilidade
Quando chegarmos a isso
Quando a cortina cair sobre o espetáculo de menestréis do ódio
E os rostos sujos de escárnio forem esfregados
Quando os campos de batalha e o coliseu
Já não rastelarem nossos filhos e filhas únicos e particulares
Junto com a grama pisada e ensanguentada
Para deitá-los em covas idênticas em solo estrangeiro

Quando o ataque ganancioso das igrejas
E a extorsão barulhenta dos templos tiverem cessado
Quando as flâmulas balançarem alegremente
Quando as bandeiras do mundo tremerem
Por uma boa, leve brisa

Quando chegarmos a isso
Quando os rifles caírem de nossos ombros
E nossos filhos puderem vestir suas bonecas com bandeiras de
trégua

Quando as minas terrestres da morte forem removidas
E os idosos puderem caminhar em noites de paz
Quando os rituais religiosos não forem perfumados
Por incensos de carne queimando
E os sonhos de infância não forem bruscamente acordados
Por pesadelos de abuso sexual

Quando chegarmos a isso
Então, admitiremos que não são as Pirâmides
Com suas pedras colocadas em perfeição misteriosa
Nem os Jardins da Babilônia
Pendurados em beleza eterna
Na nossa memória coletiva
Nem o Grande Cânion
Aceso em cores deliciosas
Pelos entardeceres do Oeste

Nem o Danúbio, derramando sua alma azul na Europa
Nem o pico sagrado do Monte Fuji
Se esticando ao Sol Nascente
Nem o Pai Amazonas nem a Mãe Mississippi
que, sem distinção,
Alimentam todas as criaturas das profundezas e das margens
Essas não são as únicas maravilhas do mundo

Quando chegarmos a isso
Nós, esse povo, nesse minúsculo globo
Que diariamente recorre a bombas, a lâminas e a adagas
E que ainda assim pede sinais de paz no escuro
Nós, esse povo, nesse cisco de matéria
Em cujas bocas habitam palavras corrosivas
Que desafiam nossa própria existência
Mas dessas mesmas bocas
Podem vir também sons de doçura tão requintadas

Que fazem o coração vacilar no seu trabalho
E o corpo se acalmar em reverência
Nós, este povo, neste planeta pequeno e à deriva
Cujas mãos podem atacar com tanto desembaraço
Que, num piscar de olhos, a vida é extraída de um ser vivo
Entretanto essas mesmas mãos ainda podem tocar com ternura
tão terapêutica e irresistível,
Que o pescoço soberbo fica feliz em se curvar
E as costas orgulhosas têm prazer em se dobrar
Em meio a tanto caos, em meio a tanta contradição
Nós aprendemos que não somos nem anjos nem demônios

Quando chegarmos a isso
Nós, este povo, neste corpo caprichoso e flutuante
Criado nesta terra, desta terra
Temos o poder de criar para essa terra
Um ambiente em que cada homem e cada mulher
Possa viver livremente sem beatices
Sem medos paralisantes

Quando chegarmos a isso
Devemos confessar que somos o possível
Que somos o milagre, a verdadeira maravilha deste mundo
Quando, e só quando,
Chegarmos a isso.

Continue

PELO ANIVERSÁRIO DE 50 ANOS DA OPRAH WINFREY

Querida Oprah,

No dia do seu nascimento
O Criador encheu inúmeros armazéns e estoques
Com ricos bálsamos
Tapeçarias luxuosas
E moedas antigas de valores inacreditáveis
Joias dignas de um dote de rainha
Tudo foi reservado apenas para o seu próprio
Uso

Armada com fé e esperança
E sem saber das riquezas que te esperavam
Você atravessou densas paredes
De miséria
E desatou as correntes da ignorância que
        ameaçaram te impedir
        de caminhar
Uma mulher livre
Num mundo que precisava de você

Meu desejo para você
É que continue

Continue

Sendo quem e como você é
Assombrando o mundo ruim
Com seus atos de gentileza

Continue

Permitindo que o humor alivie a carga
Do seu terno coração

Continue

Numa sociedade escurecida pela crueldade
Deixando que as pessoas ouçam a grandeza
De Deus no badalar da sua gargalhada

Continue

Deixando que sua eloquência
Eleve as pessoas para alturas
Que apenas não imaginavam

Continue

Lembrando às pessoas que
Cada uma é tão boa quanto a outra
E ninguém está acima
Nem abaixo de você

Continue

Relembrando seus próprios anos de juventude
E olhando com bondade para os perdidos
E os pequenos e os solitários

Continue

Pondo seu manto de proteção
Sobre os corpos de
Jovens e indefesos

Continue

Segurando a mão dos desprezados
E doentes e andando orgulhosamente ao lado deles
Na rua principal
Alguém pode te ver e
Ser encorajado a fazer o mesmo

Continue

Plantando um beijo público de preocupação
Na bochecha do doente
E do idoso e enfermo
E considerando esta uma
Ação natural e esperada

Continue

Deixando a gratidão ser a almofada
Onde você ajoelha para
Rezar sua oração noturna
E deixando a fé ser a ponte
Que construiu para vencer o mal
E acolher o bem

Continue

Não desprezando perspectiva alguma
Que venha estender o seu campo de visão
E ampliar o seu espírito

Continue

Ousando amar profundamente
E arriscar tudo

Por uma boa causa

Continue

Flutuando
Alegremente no mar de substâncias infinitas
Que te reservou riquezas
Antes mesmo que você tivesse um nome

Continue

E ao fazer isso
Você e seu trabalho
Serão capazes de continuar
        Eternamente
            FELIZ ANIVERSÁRIO!

Filhos e filhas
ESCRITO PARA O FUNDO DE DEFESA DAS CRIANÇAS

Se minha sorte estiver baixa
E a mira dele for boa
Deixarei minha vida
No campo de execução
Você pode me ver morrendo
No noticiário noturno
Enquanto você se acomoda
Para o jantar.

Mas você vai virar as costas
Como faz quase sempre
Mas eu sou seus filhos
E suas filhas também.
Nas ruas da cidade
Onde as luzes de néon
Transformam minha pele negra
Em um azul elétrico
Minha esperança se encharca de vermelho
Sobre o pavimento cinza
E meus sonhos morrem completamente
Pois minha vida acabou.

Mas você vai virar as costas
Como faz quase sempre
Mas eu sou seus filhos
E suas filhas também.

Nas cidades pequenas
Dessa terra poderosa
Onde você fecha os olhos
Para meu choro de necessidade
Eu ataco selvagem
E meu irmão cai

Viramos notícia
Você pode nos assistir sangrar.

Nos necrotérios eu sou conhecido
Pelo número de uma etiqueta
E nas clínicas e nas prisões
E nos ferros-velhos também
Você nega meu parentesco
Embora eu carregue seu sobrenome
Pois sou uma parte da humanidade também.

Mas você vai virar as costas
Como faz quase sempre
Mas eu sou seus filhos
E suas filhas também.

Vire seu rosto para mim
Por favor
Deixe seus olhos buscarem os meus
Descanse sua mão sobre o meu braço
Me toque. Eu sou real como a carne
E sólido como o osso.

Eu não sou uma metáfora
Eu não sou um símbolo
Eu não sou um pesadelo
Para desaparecer com a manhã
Sou resistente como a fome
E certo como a meia-noite.

Eu afirmo que nenhum conselho nem comitê
Pode me deter
Ou me moldar ao seu bel-prazer.
Você, venha aqui, se abaixe comigo nessa entrada suja,
Encare comigo a ameaça da boca torcida

De alguém mais desesperado
E mais bem armado do que eu.

Se junte a mim novamente hoje no balcão da loja de 1 real
Onde a palavra pra mim
Ainda é não.
Vamos, seu ombro,
Contra meu ombro,
Para a nova fila de piquete
Onde a minha cor ainda é um sinal
Para os brutos vomitarem seu amargor
E cuspirem no meu olho.

Você, só você, que me criou
Que compartilha comigo essa história tensa e terna
Meus pais e mães
Só vocês podem me salvar
Só vocês podem ordenar as marés
Que aceleram meu coração para que cessem
Para que parem de expandir minhas veias
Em riachos vermelhos.

Venha, você, meu parente
Pise comigo o chão da floresta
Onde animais violentos espreitam,
Desejando o meu futuro
Somente se o seu lado for ao meu lado
Somente se o seu lado for ao meu lado
Eu sobreviverei.

Mas você, provavelmente, vai virar as costas
Como faz quase sempre
Mas eu sou seus filhos
E suas filhas também.

Uma mulher negra falando a homens negros

LIDO PELA POETA NA MARCHA DOS MILHÕES DE HOMENS
EM WASHINGTON D.C., EM 16 DE OUTUBRO DE 1995

Nossas almas olham pra trás
Em surpresa maravilhosa
Por termos chegado
Tão longe de onde começamos

Pais, irmãos, tios
Sobrinhos, filhos, e amigos
Olhem sobre seus ombros
E para a nossa história

A noite foi longa
As feridas foram profundas
O poço estava escuro
Suas paredes eram íngremes

Eu fui arrastada pelas tranças
Na areia da praia
Eu fui puxada perto de você
Mas longe do seu alcance

Você estava amarrado e amordaçado
Quando me ouviu chorar
Seu espírito foi ferido
Por cada tentativa dolorosa

De empurrar e puxar
Tentando se libertar
Para que nenhuma de nós
Conhecesse a escravidão

Você esqueceu a força
Da corda e das correntes
Você só se lembra
Da sua masculinidade envergonhada

Você não pôde se ajudar
E não poderia me ajudar
Você carregou esse fato
Pela nossa história

Nós sobrevivemos
A estes séculos de ódio
E não negamos
O doloroso peso que têm

Por favor, meus muitos milhões de homens
Vamos deixar essa imagem de lado
Olhar como o nosso povo hoje
Caminha com força e orgulho

Comemorem, se levantem, batam palmas para nós mesmos e
para os que se foram
        antes
Se levantem, batam palmas, vamos saudar a volta das palavras
gentis ao nosso
        vocabulário
Se levantem, batam palmas, vamos saudar a volta das gentilezas
ao nosso
        quarto
Se levantem, batam palmas, vamos convidar a generosidade de
volta à nossa
        cozinha
Batam palmas, vamos deixar a fé encontrar um lugar nas nossas
almas

Batam palmas, vamos deixar a esperança viver nos nossos
corações
Nós temos sobrevivido
E até prosperado com
Paixão
Compaixão
Humor
e Estilo

A noite foi longa
As feridas foram profundas
O poço estava escuro
Suas paredes eram íngremes

Batam palmas, comemorem
Nós merecemos isso
Alegrem-se!

Paz incrível

LIDO PELA POETA DURANTE A ILUMINAÇÃO NACIONAL DAS ÁRVORES
DE NATAL, EM WASHINGTON D.C., EM 1 DE DEZEMBRO DE 2005

O trovão ronca nas gargantas das montanhas
E os relâmpagos chacoalham o beiral de nossas casas.
A enchente espera nas nossas avenidas.

A neve cai sobre a neve, cai sobre a neve e desce em avalanche
Sobre vilas desprotegidas.
O céu se move baixo e cinzento e ameaçador.

Nós nos questionamos. O que fizemos para afrontar a natureza?
Nós interrogamos e preocupamos Deus.
Você está aí? Você realmente está aí?
O pacto que você fez conosco ainda se mantém?

Nesse clima de medo e apreensão, o Natal chega,
Transmitindo luzes de alegria, tocando os sinos da esperança
E entoando hinos de perdão bem alto no ar brilhante.
O mundo é encorajado a se afastar do rancor,
Para ir pelo caminho da amizade.

É a Estação da Alegria.
O trovão diminui até ser silêncio e os raios dormem no canto,
quietos.
A enchente recua na memória.
A neve se torna uma almofada feita para nos socorrer
Enquanto fazemos nosso caminho para o alto.

A esperança nasce de novo nos rostos das crianças.
E passeia sobre os ombros dos idosos enquanto eles caminham
para seus pores de sol.
A esperança se espalha pela terra, iluminando todas as coisas,
Mesmo o ódio, que se abaixa pelos corredores escuros.
Na nossa diversão, pensamos ouvir um sussurro.

No começo, bem baixo. Depois, quase nítido.
Ouvimos cuidadosamente enquanto ele ganha força.
Ouvimos uma doçura.
A palavra é Paz.
Está alto agora.
Mais alto do que a explosão das bombas.

Nós trememos com o som. E nos emocionamos com sua presença.
É por ela que ansiávamos.
Não apenas pela ausência de guerras. Mas pela verdadeira Paz.
Uma harmonia de espírito, um conforto de gentilezas.
Segurança para quem amamos e para os que são amados por
eles.

Nós batemos palmas e saudamos a Paz do Natal.
Pedimos a esta boa estação que fique um tempo conosco.
Nós, Batistas e Budistas, Metodistas e Muçulmanos, dizemos
vem.
Paz.
Venha e encha a nós e ao nosso mundo com sua majestade.
Nós, Judeus e Jainistas, Católicos e Confucionistas,
Imploramos pela sua estada conosco
Para aprendermos através da sua luz radiante
Como ver além da aparência e enxergar a comunidade.

No tempo de Natal, uma interrupção no tempo de ódio.

Neste palanque de paz, podemos criar um idioma
Que nos traduza para nós mesmos e para os outros.

Nesse Instante Sagrado, celebramos o Nascimento de Jesus
Cristo
Nas grandes religiões do mundo.
Nós nos alegramos pelo advento precioso da verdade.
Nós proclamamos com línguas gloriosas a chegada da esperança.

Todas as tribos da terra soltam suas vozes
Para celebrar a promessa da Paz.

Nós, Anjos e Mortais, Crentes e Descrentes,
Olhamos para o céu e falamos em voz alta.
Paz. Nós olhamos para o nosso mundo e falamos em voz alta.
Paz. Nós olhamos um para o outro, depois para nós mesmos,
E dizemos sem timidez ou desculpas ou hesitação:

Paz, Meu Irmão.
Paz, Minha Irmã.
Paz, Minha Alma.

Mãe
UM BERÇO PARA ME SEGURAR

É verdade
Eu fui criada em você.
É verdade também
Que você foi criada para mim.
Eu possuía a sua voz.
Modulada e ajustada para me acalmar.
Seus braços foram moldados
Como um berço para me segurar, para me embalar.
O cheiro do seu corpo era o ar
Perfumado para eu respirar.

Mãe,
Durante aqueles primeiros, os mais queridos dias,
Eu não sonhava que você tivesse
Uma vida maior que me incluía,
Entre suas outras preocupações,
Pois eu tinha uma vida
Que era só você.

O tempo passou continuamente e nos separou.
Eu estava relutante.
Temia que ao te deixar ir
Você me deixaria eternamente.
Você riu dos meus medos, dizendo
Que eu não poderia ficar no seu colo para sempre
Que um dia você teria que se levantar

E onde eu estaria?
Você sorriu de novo.
Eu não.

Sem aviso você me deixou,
Mas retornou imediatamente.
Você se foi de novo e retornou,
Eu admito, rapidamente.
Mas o alívio me despreocupou.
Você se foi de novo, mas retornou de novo.
Você se foi de novo, mas retornou de novo.
Cada vez que você readentrava meu mundo
Trazia segurança.
Lentamente eu ganhei confiança.

Você pensou que me conhecia,
Mas era eu que te conhecia,
Você pensou que estava me observando,
Mas era eu que te tinha firmemente em minha vista,
Gravando cada movimento,
Memorizando seus sorrisos, desenhando suas caretas.
Na sua ausência
Eu te ensaiava,
Seu jeito de cantar
Serenamente,
Enquanto um soluço permanecia
Na raiz de sua canção.

Seu jeito de pousar a cabeça
Para a luz acariciar seu rosto
Enquanto você colocava seus dedos na minha mão
E sua mão no meu braço,
Eu fui abençoada com alguma saúde,
Força e com muita boa sorte.

Você sempre foi
O centro da felicidade para mim,
Trazendo pedaços de alegria,
Doces de risadas abertas.

Eu amei você mesmo durante os anos
Em que você não sabia nada
E eu sabia tudo, ainda assim, eu te amava.
Condescendentemente, é claro,
Do suprassumo da minha
Sabedoria adolescente.
Muitas vezes, eu falei bruscamente com você
Porque você entendia devagar.
Eu envelheci e
Me surpreendi ao ver
O tanto de conhecimento que você adquiriu.
Tão rápido.

Mãe, agora eu aprendi o suficiente
Para saber que eu não aprendi quase nada.
Neste dia
Em que as mães são homenageadas,
Me deixe te agradecer
Por meu egoísmo, ignorância, e zombaria
Não terem feito você
Me descartar como uma boneca quebrada
Que perdeu a graça.
Te agradeço por
Você ainda ter encontrado algo em mim
Para apreciar, admirar, e amar.

Eu te agradeço, Mãe.
Eu amo você.

Dentro e fora do tempo

PARA JESSICA E COLIN JOHNSON
STEPHANIE E GUY JOHNSON

O sol saiu
As névoas se foram
Nós vemos na distância
Nosso longo caminho para casa

Eu era seu amor
Você sempre foi minha
Nós pertencemos um ao outro
Dentro e fora do tempo

Quando a primeira pedra admirou
O sol flamejante
E a primeira árvore irrompeu
Do chão da floresta
Eu te amei mais

Você era o ritmo na cabeça
Do tambor de conga
E o toque da palma da mão
Sobre minha pele de castanha

E eu te amei então

Nós trabalhamos a cana-de-açúcar
E os campos de algodão
Nós percorremos juntos
As ruas da cidade

Exaustos pelo trabalho
Feridos pela crueldade
Resistentes e atrevidos
Ao nosso ritmo interior

E todo o tempo
Senhor, como eu amei seu sorriso

Você soltou suas tranças
Entregou seu cabelo à brisa
Ela zumbiu como um enxame
De abelhas agitadas
Eu procurei, na multidão,
Pela colmeia
Deus, como eu amava seu cabelo

Você me viu agredido
Pelas circunstâncias
Injuriado pelo ódio
E perdido ao acaso
Pernas que poderiam ser quebradas
Mas joelhos que não se dobrariam
Oh, você me amou, então

Eu varri a barriga dos Céus
Com gritos tórridos
Eu lutei para transformar
Pesadelos em sonhos
Meus protestos eram altos
E ousados e fortes
Meu Deus, como você amou minha alma

O sol saiu
As névoas se foram
Nós vemos na distância
Nosso longo caminho para casa

Eu era seu amor
Você sempre foi minha
Nós pertencemos um ao outro
Dentro e fora do tempo

Bar Mitzvah do Ben Lear

UMA ODE PARA BEN LEAR NA
OCASIÃO DE SEU BAR MITZVAH

Para você
na sua cidade murada da infância,
os anos moveram-se lentamente, rastejando como uma tartaruga,
mas para sua família e família de amigos
o tempo foi apressado, sem paradas,
sem deixar estações suficientes
para te conhecer, te ensinar, te amar.
Você foi visto estudando a Torá,
investigando as palavras que os profetas antigos leram,

Para muitos
você chegou muito subitamente na nova região da masculinidade.

Para os seus pais,
em cujo imenso reino de amor
você foi envolvido e cortejado,
você ainda é o garoto forte-doce,
porém, no seu rosto eles já veem a promessa do homem que
você
     está se tornando.
Para eles
você está ansioso demais para pisar a nova terra,
prestes demais a compartilhar as responsabilidades
com os cidadãos do seu novo país.
Algumas de suas pessoas queridas
anseiam te manter nos braços seguros da infância,
onde o comportamento errante podia encontrar uma
advertência suave,
onde a maioria dos machucados podiam melhorar com um beijo
de mãe,

mas agora mesmo você está se inclinando para o horizonte
com um pé levantado para dar o passo seguinte.
Ninguém pode te parar, ninguém pode te segurar.

Por favor, saiba
orações repousam na estrada onde você plantará seus pés.
Por favor, saiba
que as aspirações da sua família pairam alto sobre você, e te envolvem
    completamente.
Por favor, saiba
que grandes esperanças dos seus devotos banham você com
votos ardentes para a sua pessoa e o seu futuro.
Seus queridos
sabem que você está adentrando uma nação
onde deve aprender a diferença
entre a busca por justiça
e o desejo de vingança.
Eles sabem também
que você encontrará aqueles que seriam gentis
se tivessem coragem, e
aqueles que fariam o mal
se tivessem a oportunidade.
Você será banhado pelo orvalho matinal da verdade
e beberá a água salobra do falso testemunho.
Seja cauteloso, meu sobrinho, mas tema apenas a Deus,
pois você tem um recurso ilimitado de amor poderoso
para evocar e chamar
e eu,
rápida com toda a sua família preparada e amorosa,
espero seu chamado.

Vigília
PARA LUTHER VANDROSS E BARRY WHITE

Nós nascemos na dor, e então o alívio vem.
Estamos perdidos no escuro, e então amanhece.
Estamos confusos, perplexos, e receosos,
Então a fé pega nossa mão.
Nós tropeçamos e nos atrapalhamos e caímos,
Então, nos levantamos.

Em cada uma das nossas piores noites, você chegou,
Oh, Senhor,
Criador,
Para nos afastar da nossa ignorância
Em direção ao conhecimento.

Agora, nos reunimos em seu altar,
Ricos e pobres, jovens e
Dolorosamente velhos,
Nós somos os alojados e os sem-teto,
Nós somos os sortudos,
E os preguiçosos.

Como se estivéssemos aos pés
De um baobá antigo,
Neste momento
Nós nos reunimos para ficar em pé, ajoelhar, sentar e agachar
aqui,
Sabendo que, depois dos gênios médicos
Terem feito o seu melhor,
Dos Ganhadores do Prêmio Nobel
Terem usado sua energia mais poderosa,
Nós temos Você.

Criador,
Nós trazemos até Você
Nossos irmãos, filhos, pais, tios,
Sobrinhos, primos, amados, e amigos.

Nós colocamos o corpo de Luther Vandross[28]
E o corpo de Barry White[29]
Aqui diante de Você.
Eles estão entre os melhores que temos
E Você é tudo o que temos.

Cure, nós pedimos.

Cure, nós pedimos.

Cure todos nós.

Nós pedimos.

---

[28] N.E.: Luther Vandross (1951-2005) foi um popular cantor e compositor norte-americano.
[29] N.E.: Barry White (1944-2003) foi cantor e compositor norte-americano.

Oração

Deus Pai Mãe, obrigada por Sua presença durante os dias difíceis
e ruins. Porque assim temos Você para nos apoiar.

Obrigada por Sua presença durante os dias claros e ensolarados,
por assim podermos compartilhar o que temos com quem
tem menos.

E obrigada por Sua presença durante os Dias Santos, por assim
sermos capazes de celebrar Você e nossas famílias e nossos
amigos.

Por aqueles que não têm voz, pedimos que Você fale por eles.

Por aqueles que se sentem indignos, pedimos que Você derrame
Seu amor
em cascatas de ternura.

Por aqueles que vivem na dor, nós pedimos para Você banhá-los
no rio de
Sua cura.

Por aqueles que estão solitários, nós pedimos para Você fazê-los
companhia.

Por aqueles que estão depressivos, nós pedimos para Você
derramar sobre eles a
luz da esperança.

Querido Criador, Você, o mar de substâncias sem fronteira, nós
pedimos para Você
dar a todo mundo o que mais precisamos — Paz.

Amém.

A maravilha se anuncia

ESCRITO NA OCASIÃO DAS OLIMPÍADAS DE 2008
POR SOLICITAÇÃO DO COMITÊ OLÍMPICO

Uma maravilha absoluta se anuncia
Maravilha abundante em promessas
Abundante em fascinação
Nossas crianças lindas chegam ao estádio Universal.

Elas se banharam nas águas do mundo
E carregam o limo suave do Amazonas, do Nilo,
Do Danúbio, do Reno, do Yangtzé e do Mississippi
Nas palmas de suas mãos direitas.
Um tigre selvagem se aninha em cada axila
E uma cotovia se empoleira em cada ombro.

Nós, espectadores, ficamos em pé, mãos nos quadris,
Ansiosos pela paixão do animal:
A melodia da cotovia
E a paixão do tigre
Assistem aos sinos de abertura,
Os pássaros cantam a maravilha que se anuncia.

O milagre da alegria que vem da reunião dos nossos melhores,
    trazendo o seu melhor,
Exibindo o esplendor dos seus corpos e o resplendor de suas
    mentes ágeis para o cosmo.
Encorajando aqueles outros jovens apanhados pelas bocas da
pobreza,
Paralisados pelo terror da ignorância.

Eles dizem:
Irmãos e irmãs,
Sim, tentem.
Então, tentem com mais força.
Avancem, pressionem avidamente por libertação.

A maravilha que se anuncia é para vocês.
Nós estamos aqui na entrada do mundo que desejamos
No limiar do mundo de que mais precisamos.
Nós estamos aqui gritando e cantando.
Nós provamos que podemos não apenas produzir a paz, podemos
trazê-la em nós.

Com respeito pelo mundo e pelas pessoas,
Nós podemos competir passionalmente sem ódio.
Com respeito pelo mundo e pelas pessoas,
Nós podemos ter orgulho das vitórias de estranhos.
Com respeito pelo mundo e pelas pessoas,
Nós podemos compartilhar abertamente o sucesso de amigos.

Aqui está a Surpresa:
Contra as chances de uma guerra iminente,
Na boca sangrenta da ganância,
A graça humana e o espírito humano podem ainda vencer.

Ah...
Nós descobrimos, nós mesmos
Somos a Maravilha que se anuncia
Nós somos a própria Maravilha.

Seu dia acabou

Para todos
os cidadãos do mundo,
que perderam um amigo
quando o Presidente
Nelson Mandela
morreu

A EDUCAÇÃO É A ARMA MAIS PODEROSA
QUE VOCÊ PODE USAR PARA MUDAR O MUNDO.
—NELSON MANDELA

Seu dia acabou,
Acabou.

A notícia veio nas asas de um vento
Relutante em carregar o fardo.

O dia de Nelson Mandela acabou.

A notícia esperada e ainda assim indesejada,
Nos alcançou nos Estados Unidos e de repente

Nosso mundo ficou sombrio.
Nossos céus ficaram encobertos.

Seu dia acabou.

Nós vemos vocês, povo Sul-Africano,
Ficando sem palavras diante da batida
Daquela última porta
Pela qual nenhum viajante retorna.

Nossos espíritos alcançam vocês:
Bantu, Zulu, Xhosa, Boer.

Nós pensamos em vocês
E no seu Filho da África,
Seu Pai,
Sua Maravilha do Mundo a Mais.

Nós enviamos nossas almas a vocês
Enquanto vocês refletem sobre
O seu Davi armado com

Uma simples pedra enfrentando
O Gigante Golias.

Seu homem de força, Gideão,
Emergindo triunfante
Ainda que nascido no abraço brutal do Apartheid,
Ferido pela atmosfera selvagem de racismo,
Preso injustamente
Na boca sangrenta das masmorras Sul-Africanas.

Ele sobreviveria?
Ele poderia sobreviver?

Sua resposta fortaleceu homens e mulheres
Ao redor do mundo.

No Álamo em Santo Antônio, Texas,
Na ponte Golden Gates em São Francisco,
No centro de Chicago,
No carnaval de Nova Orleans,
Na Times Square em Nova York,
Nós assistimos a esperança da África brotar
Das portas da prisão.

Seu coração estupendo intacto,
Sua gigantesca vontade
Sadia e forte.

Ele não foi mutilado pelos brutos
Nem sua paixão pelos direitos
Dos seres humanos
Diminuiu por causa dos vinte e sete anos de aprisionamento.

Até aqui na América
Nós sentimos a brisa

Leve e refrescante da liberdade
Quando Nelson Mandela tomou
O assento da presidência
No seu país
Onde antes ele sequer podia votar.
Nós nos avolumamos com lágrimas de orgulho
Quando vimos os antigos
guardas prisionais de Nelson Mandela
Convidados por ele, com cortesia, assistindo
Da primeira fileira
À sua posse.

Nós vimos ele aceitar
O prêmio mundial na Noruega
Com graça e gratidão
De Sólon nos tribunais Gregos Antigos
E a confiança dos Chefes Africanos
Nos assentos reais antigos.

Nenhum sol supera o seu pôr do sol
Mas ainda assim o sol nasce de novo
E traz o amanhecer.

Sim, o dia de Mandela acabou.

Mas nós, seus herdeiros,
Abriremos mais amplamente os portões
Para a reconciliação.

E atenderemos
Generosamente aos gritos
De Negros e Brancos,
Asiáticos, Hispânicos,
Dos pobres que vivem penosamente
No chão do nosso planeta.

Ele nos ofereceu compreensão.
Nós não negaremos o perdão
Mesmo para aqueles que não pedirem.

O dia de Nelson Mandela acabou.

Nós admitimos isso com vozes chorosas
Mas nos levantamos para dizer:

Obrigada.

Obrigada, Nosso Gideão.
Obrigada, Nosso Davi.
Nosso grande homem corajoso.

Nós não te esqueceremos.
Não te desonraremos.
Lembraremos e seremos felizes

Porque você viveu entre nós

Porque você nos ensinou
E
Porque você nos amou
A todos!

Todos os direitos reservados à Astral Cultural e protegidos pela Lei 9.610, de 19.2.1998. É proibida a reprodução total ou parcial sem a expressa anuência da editora. Este livro foi revisado segundo o Novo Acordo Ortográfico da Língua Portuguesa.

Produção editorial Aline Santos, Bárbara Gatti, Bruna Villela, Fernanda Costa, Fernanda Villas Bôas, Natália Ortega, Tâmizi Ribeiro.
Design da capa Luciana Facchini

Dados Internacionais de Catalogação na Publicação (CIP)
Angélica Ilacqua CRB-8/7057

A593p
    Angelou, Maya, 1928-2014
      Poesia completa / Maya Angelou ; tradução de Lubi Prates. — Bauru, SP : Astral Cultural, 2020.
    336 p.

    ISBN: 978-65-81438-00-5
    Título original: The complete poetry

    1. Poesia norte-americana 2. Escritoras negras - Poesia I. Título II. Prates, Lubi

20-1357   CDD 811

Índices para catálogo sistemático:
1.Poesia norte-americana

ASTRAL CULTURAL EDITORA LTDA.

BAURU
Av. Duque de Caxias, 11-70
8º andar
Vila Altinópolis
CEP 17012-151
Telefone: (14) 3879-3877

SÃO PAULO
Rua Major Quedinho, 111
Cj. 1910, 19º andar
Centro Histórico
CEP 01050-904
Telefone: (11) 3048-2900

E-mail: contato@astralcultural.com.br

Primeira edição (março/2020) · Primeira reimpressão
Papel de miolo Pólen soft 80g
Tipografia Masqualero
Gráfica IPSIS